AF547803

O-Ton Merlin T. Salzburg: *»Die hohe Kriminalitätsrate in unserer Stadt sorgt sicher dafür, dass mir der Stoff noch lange nicht ausgeht.«*

Der Autor Merlin T. Salzburg liefert diesmal mit »Erst Zopf, dann Kopf« den lange ersehnten dritten Teil der spannenden Trilogie rund um die haarsträubenden Abenteuer der Frankfurter Detektivgang *o-vier*. Zweifellos steigert Hessens jüngster Krimiautor in dieser neuen Episode noch einmal die Spannung und lässt so einiges an literarchischer Reife aufleuchten. Im dritten Abenteuer gerät Tivaros Familie in Bedrängnis, und die Jungens von *o-vier* stehen vor so einigen Herausforderungen. Als dann auch noch alte Bekannte auftauchen, schließt sich der Kreis, oder sollte man besser sagen: Die Schlinge?

Merlin T. Salzburg

Erst Zopf, dann Kopf

Ein *o-vier* Jugendkrimi

Informationen zum neuen Werk des Jungautors
Merlin T. Salzburg finden Sie unter

http://buchwelten-verlag.de
info@jugend.buchwelten-verlag.de

Erst Zopf, dann Kopf

1. Auflage März 2016

Frankfurt am Main
Germany
Umschlagillustration: Hans Blaubard

ISBN 978-3-945740-30-9

Inhalt

Happy Birthday

»Tivaro Kirchner, bist du denn immer noch nicht fertig. Dein Vater steht sich am Flughafen sicher schon die Beine in den Bauch«, rief Elise verärgert.

Keine Antwort. Sie klopfte noch einmal an Tivaros Zimmertür. »Wie spät, Mom?«, kam es nur verschlafen zurück.

»Gleich elf«, entgegnete Elise.

Eine gefühlte Sekunde später war es viertel nach elf. Er war doch tatsächlich noch einmal eingepennt! Hastig warf sich Tivaro seine Lederjacke über den Schlafanzug und griff nach der erstbesten Jeans, die er gerade zu fassen bekam. Dazu zog er die weißen AirMax an.

Dann ging er in die Küche, wo er seine Mutter vermutete. Doch Elise und seine Schwester warteten bereits draußen im Fiat vor der Garage. Elise meckerte im Wageninnern etwas wie „Nie kann man sich auf dich verlassen!“ und tippte auf ihre Armbanduhr. Auch Tivaros Schwester Sabrina rutschte nervös auf dem Beifahrersitz herum. Doch Tivaro kümmerte das gar nicht, denn heute kam Roland endlich aus Norwegen zurück. Und es war immer wieder ein echtes Highlight, wenn der Vater nach seinen langen Auslandseinsätzen wieder nach Hause kam. Tivaros Vater war Controller auf einer Bohrinsel und überprüfte dort die Ölfördermengen.

»Geh nach hinten, du sitzt auf meinem Platz«, herrschte Tivaro seine Schwester an.

»Ich bin jetzt zwölf! «, protestierte Sabrina.

»Ach ja. Herzlichen Glückwunsch zum Geburtstag – Happy Birthday und alles Gute!«, sagte er und stieg hinten ein.

Tivaro war Sabrinas Geburtstag völlig entgangen. Zuviele Ereignisse der letzten Wochen hatten jeden normalen Tagesablauf durcheinandergebracht.

»Morgen Schlafmütze, ich dachte schon du hättest es vergessen.«

Nur zu gut wusste Tivaro, dass seine Schwester soeben voll ins Schwarze getroffen hatte. Tivaro grinste verlegen: »Vergessen? Wie könnte ich denn jemals deinen Geburtstag vergessen?«

Seit Wochen litt ganz Deutschland unter einer Hitzewelle. Auf den Straßen vor dem Flughafen war an diesem Mittag ziemlich viel los, und Elise war auf der Autobahn nicht gerade das, was man einen Bleifuß nannte. Als Elises alter Fiat endlich auf einem der Flughafen-Parkplätze am Terminal 2 zum Stehen kam, seufzte die Mutter erleichtert.

Tivaro schnallte sich ab. »Mama, du wurdest echt von jedem Auto überholt.«

Elise rollte nur genervt mit den Augen und sagte: »Kommt jetzt. Wenn wir Glück haben, wartet euer Vater noch an der Gepäckausgabe.«

Sie eilten durch die riesige Halle und waren schon wenig später an der verabredeten Gepäckstation angekommen. In der Halle war es angenehm kühl. Die Landung des Fluges war bereits vor zwanzig Minuten verspätet erfolgt, aber von Roland war weit und breit nichts zu sehen.

»Glaubt ihr, dass er schon zu den Parkplätzen gelaufen ist?«, fragte Elise.

»Keine Ahnung.«, gab Tivaro zurück und vergrub die Hände in den Hosentaschen.

Sabrina kaute nervös an ihren Fingernägeln. »Wetten, ich sehe ihn als erstes.«, sagte sie.

»Von mir aus.« Tivaro wusste, dass ihr Vater ausgerechnet Sabrinas Geburtstag als Heimreisetag gewählt hatte. Und darüber war er etwas enttäuscht, denn Roland hätte seiner Meinung nach schon längst bessere Gründe gehabt, wieder heimzukommen als Sabrinas zwölften Geburtstag. Schließlich hatten er und seine Detektivgang o-vier in den Sommenferien zwei gefährliche Bankräuber gefasst und einen echten Nazi-Goldschatz im Taunus sichergestellt. Dafür war die Gang sogar vom Frankfurter Oberbürgermeister Peter Pahn geehrt worden.

Tivaro schaute nur gelangweilt auf die Anzeigentafel. Ein größere Gruppe Passagiere näherte sich nun der Gepäckausgabe. Sie griffen nach ihren Koffern und schoben sich dann damit durch die Menge. Ein Mann stand mit dem Rücken zu ihnen und schien auf irgendetwas zu warten. In der Hand hielt er bereits einen größeren Metallkoffer, wie ihn sein Vater immer auf Flugeisen mitnahm.

»Roland?!«, rief Tivaro aufgeregt. Der Mann drehte sich um, und Tivaro erkannte seinen Vater. In diesem Augenblick näherten sich plötzlich zwei Männer in heller Arbeitermontur von der Seite. Sie bewegten sich sehr schnell auf Roland zu. Dann stießen sie den wartenden Mann an und bedeuteten ihm, mitzukommen. Tivaro kannte das aus Filmszenen, wenn jemand am Flughafen von Fahndern in Zivil verhaftet wurde.

Die Männer mischten sich unter die umstehenden Menschen und waren schnell mit Tivaros Vater in der Menge verschwunden. Tivaro konnte nur erkennen, dass sie dunkelhäutige Köpfe hatten und Schirmmützen trugen.

»Das war Dad!«, rief Tivaro zu Elise und Sabrina hinüber, die nur ein paar Schritte weiter entfernt standen, aber von Tivaros Beobachtung offensichtlich nichts mitbekommen hatten.

Tivaro überlegte nicht lange und rannte in die Richtung, in der die Männer verschwunden waren. »Los, kommt mir nach!«, rief er zurück.

Hinter der Gepäckausgabe verlief eine metallverkleidete Absperrwand, die nach einer Weile eine Linkskurve machte. Als Tivaro um die Ecke bog, kniete sein Vater Roland über seinem Koffer auf dem Boden und hielt sich den Kopf. Von beiden Händen lief hellrotes Blut in kleinen Rinnsalen über sein Gesicht und tropfte auf seine Kleidung.

»Was ist passiert?«, schrie Elise, als sie Roland erkannte.

»Überfall«, erklärte Tivaro kurz. »Wir müssen sofort einen Arzt rufen.«

»Und die Flughafenpolizei«, meinte Sabrina.

Roland schien verwirrt. »Mein Rucksack, wo ist mein Rucksack?«, fragte er immer wieder.

Tivaro bemerkte, dass sich inzwischen ein paar Schaulustige um sie versammelt hatten. Jetzt kam ein Mann auf sie zu, der sich durch die Menge drängte.

»Ich habe gerade die Flughafenpolizei gerufen«, sagte der Mann. »Ich bin ein Arbeitskollege von Roland. Lars Petersen.

Wir sind gemeinsam zurückgeflogen.«

Elise schüttelte ihm schlaff die Hand. Tivaro musterte ihn kurz. »Haben sie den Überfall mitbekommen?«, wollte er gleich wissen.

»Ja habe ich. Ich stand direkt neben deinem Vater und bin geflüchtet, als diese Männer kamen.« Besorgt blickte er auf seinen Kollegen. »Ich glaube, Roaland muss ins Krankenhaus.«

Elise schluchzte. »Roland, du blutest ja so!«, rief sie ängstlich. Roland brummte etwas und blickte sie mit verdrehten Augen an. »Mir ist so schlecht«, stammelte er leise. Dann sackte er zusammen und kippte zur Seite.

Es dauerte nur zwei Minuten, die ihnen aber wie zwei gefühlte Ewigkeiten vorkamen, bis sich endlich ein Rettungsteam am Tatort einfand. Ein Arzt ließ Roland sofort zum Abtransport fertig machen.

»Wir bringen ihren Mann in die Uni-Klinik nach Frankfurt.«, erklärte er. Elise nahm es wortlos zur Kenntnis.

»Ich bleibe natürlich hier, wenn ich als Zeuge gebraucht werde«, meinte Lars zu Elise. »Ich werde eine Zeitlang in der Gegend hier bleiben und habe ein Hotelzimmer in Bad Homburg gemietet. Hier ist meine Visitenkarte. Sie können mich jederzeit über Handy erreichen.«

»Was haben diese Kerle bloß von meinem Mann gewollt? Warum ausgerechnet Roland?« Elise fuhr sich verzweifelt durch die Haare.

Mehrere Uniformierte der Flughafenpolizei waren jetzt aufgetaucht. Über Sprechfunk hielten sie Kontakt zu ihren

Kollegen und sicherten den Tatort mit Absperrband. In einer Blutlache lag der ungeöffnete Metallkoffer.

Abgehoben

An diesem frühen Nachmittag herrschte die denkbar trübste Geburtstagsstimmung, die man sich im Hause der Kirchners nur vorstellen kann. Solange Rolands Lage noch ungeklärt war, sollte die Geburtstagsfeier erst einmal verschoben werden. Elise hatte Sabrinas Freundinnen bereits auf das kommende Wochenende vertröstet. Nur Tivaro, Elise und Sabrina saßen stumm um den gedeckten Tisch herum. Es gab zwar Sabrinas Lieblingstorte und sogar Chips und Schokokekse. Aber heute schmeckte einfach alles fad. Es wurde kaum gesprochen, und Sabrina sah aus wie drei Tage Regenwetter. Sie war auch verärgert, dass ihre Lieblingsfreundin Saskia heute nicht kommen durfte, doch ihre Mutter hatte sich durchgesetzt.

»Warum ausgerechnet Roland?«, entfuhr es Elise nach einer Weile.

»Solche Überfälle passieren eben«, meinte Tivaro. »So etwas gibt es jeden Tag. Dad war eben diesmal ganz zufällig das Opfer.«

»Wie redest du denn von deinem Vater? Ein zufälliges Opfer! Als wäre alles ganz normal! Mein Gott, wenn sie ihn operieren müssen.«

So ganz zufällig erschien Tivaro der Überfall auf seinen Vater allerdings tatsächlich nicht. Dazu waren die Männer in ihrer auffälligen Kluft zu zielstrebig auf ihn zugegangen. Ja, warum ausgerechnet sein Vater? Aber Tivaro äußerte seinen Zweifel nicht. »Wenn man einem den Schädel öffnet, hat man im ganzen Gehirn keine Schmerzen. Man bekommt seine Operation voll bewusst mit«, sagte er stattdessen.

»Ich muss gleich kotzen«, jammerte Sabrina.

»Ich wollte doch nur trösten«, wehrte sich Tivaro.

»Hast Du gar kein Herz? Wie kann man nur so kalt und gefühllos sein, Tivaro?«, entrüstete sich auch Elise.

Tivaro fühlte sich weit davon entfernt, herzlos zu sein. Denn dass sein Vater heute vielleicht schwer verletzt worden war, hatte ihn doch sehr mitgenommen. »Mom, das ist eben männlich. Als Chef einer Detektiv-Gang muss man nun mal knallhart sein, wenn man es mit solchen Kerlen aufnehmen will. Da muss man den Tatsachen klar ins Auge sehen.«

»Was soll das heißen: Eure Gang will es mit solchen Kerlen aufnehmen? Seid Ihr denn alle verrückt geworden? Ich will nicht auch noch meinen Sohn verlieren!« Elise war den Tränen nahe.

»Können wir jetzt vielleicht von etwas anderem reden?«, schlug Tivaro vor. Auf einem weiteren Tisch im Wohnzimmer waren Geburtstagsgeschenke aufgebaut. »Willst du nicht langsam mal auspacken?«

Aber Sabrina schüttelte den Kopf: »Erst mal wird noch etwas gespielt.«

»Gespielt?«, wiederholte Tivaro und verzog spöttisch seinen Mundwinkel. »Ich habe jetzt echt keine Lust auf Topf-Schlagen oder so.« Eigentlich wollte er so schnell wie möglich in sein Zimmer hinauf und die Jungen von der Gang anrufen. Er hatte auf dem Heimweg nur seinem besten Freund Otto eine kurze SMS über den Überfall geschickt.

Sie spielten schließlich schon eine ganze Weile Halma und Kniffel, als es gegen fünf an der Tür klingelte und das Spiel endlich mal stoppte.

Sabrina öffnete. Es war Otto. »Hallo Otto!«, begrüßte sie ihn freudig mit einem Küsschen links und rechts. »Kommst du zu meinem Geburtstag?«

»Oh, alles Gute natürlich!«, sagte Otto verlegen. »Aber eigentlich wollte ich zu Tivaro.«

Tivaro und Elise standen nun auch an der Tür. »Cool, das du gekommen bist«, sagte Tivaro. »Kannst gleich mit rauf kommen. Dann können wir alles besprechen.«

»Wir haben auch noch Torte da.«, bot Elise an und sagte zu Sabrina gewandt: »Wenn Otto sich schon selbst einlädt, dann kannst du meinetwegen auch Saskia anrufen und fragen, ob sie auch kommen möchte.«

»Ach nö! Ich will lieber nur mit euch spielen«, entgegnete Sabrina und sah Otto verstohlen von der Seite an.

»Otto kommt mit in mein Zimmer«, beharrte Tivaro.

»Jetzt gibt es erst einmal Kaffee und Kuchen, und dann sehen wir weiter«, entschied Elise und führte Otto ins Wohnzimmer.

»Ich weiß schon, was du gerne mit Otto spielen würdest«, flüsterte Tivaro leise zu seiner Schwester, die sofort sichtbar errötete. »Wer hat denn schon mit elf einen Freund?«

»Ich bin zwölf!«, schrie Sabrina ihm ins Gesicht. »Und überhaupt bin ich auch in eurer Bande. Das steht nämlich in Ottos Protokoll, dass ich Mitglied bin.«

»Ja, auf'm Papier!«, entgegnete Tivaro gedehnt. »Aber du bist kein Vollmitglied. Und wir sind auch keine Bande, sondern eine

Gang.«

»Gang wie Gangster. Ihr seid also Gangster, super Detektiv-Gangster!« Sabrina lachte gekünstelt.

»Das verstehst du nicht. Eine Gang ist einfach cool, und o-vier ist eine Gang, weil bei uns eben was geht.«

»Hört auf zu streiten und kommt wieder an den Tisch!«, kam es aus dem Wohnzimmer.

»Keine Lust«, rief Tivaro zurück. Er ließ seine Schwester in der Diele stehen, lief die Treppe hinauf und schlug seine Zimmertür mit einem lauten Knall hinter sich zu.

Erst einmal machte er es sich in seinem Sessel bequem. Neben ihm auf der Ablage lag die Fernbedienung. Tivaro schaltete den Fernseher ein und zappte sich von einer Kochsendung zur anderen. Heute kam natürlich wie immer überall Mist, und die guten Sportkanäle liefen nur im Wohnzimmer.

Mit Otto war in der letzten Zeit überhaupt nichts richtig anzufangen. Seit er mit seiner Schwester Sabrina zusammen war, verhielt sich Otto manchmal einfach wie der letzte Volldepp. Richtig peinlich fand er das. So was wie Liebe würde ihm natürlich nie passieren. Mit albernen Mädels hatte er absolut nichts am Hut. Tivaro kümmerte sich lieber um die wichtigen Dinge. Und die heutigen Ereignisse am Frankfurter Flughafen waren natürlich wichtig. Das war das doch eindeutig ein neuer Fall für o-vier. Schließlich lag sein Vater jetzt im Krankenhaus, und die Schäger liefen noch immer frei herum. Nur Otto schien das wohl völlig kalt zu lassen. Tivaro ärgerte sich darüber, dass sein Protokollführer und bester Freund gerade anscheinend nichts besseres zu tun hatte als mit Sabrinas Puppen zu spielen.

Schließlich hielt es Tivaro nicht länger aus. Arbeit geht vor, dachte er. Er brannte darauf, endlich den anderen von dem Überfall zu erzählen. Das konnte nicht warten. Er legte die Fernbedienung zu Seite und wählte Nicos Nummer von seinem Smartphone aus. Doch auch über Whatsapp war er nicht zu erreichen. Tivaro versuchte es mit Jojos Nummer, obwohl er wusste, dass der sein Handy für alles Mögliche, nur nicht zum Telefonieren benutzte. Jojo besaß zwar neuerdings ein iPhone, aber das diente ihm nur als Fernbedienung für seinen CD-Player.

Zu seiner Überraschung war nur ein paar Sekunden später ein leises Knacken aus dem Handylautsprecher zu hören. »Hi, Tivaro«, meldete sich Jojo daraufhin am anderen Ende der Leitung. Seine Stimme war kaum zu hören, denn im Hintergrund hämmerten laute Techno-Beats.

»Mach deine Mucke aus und hör zu. Es gibt Neuigkeiten«, begann Tivaro. »Wir treffen uns in einer halben Stunde im Hauptquartier.« Seine ganze Anspannung hatte sich mit einem Mal von ihm gelöst. »Otto ist auch hier, aber gerade noch mit meiner Sister beschäftigt, wenn du verstehst, was ich meine. Und bring unbedingt Nico mit! Ich kann ihn nicht erreichen.«

»Was ist denn überhaupt los?«, wollte Jojo wissen.

Doch Tivaro hatte bereits aufgelegt. Er verließ sein Zimmer wieder und lief schnell die Treppe hinunter. Im Wohnzimmer packte Sabrina noch Geschenke aus. »Oh wie cool ist das denn?«, quietschte sie vergnügt. »Das ganz neue FunnyFarm Game für meine PS.«

Otto stand wie ein Honigkuchenpferd daneben und freute sich mit ihr. »Oh, sogar mit Ponyhof-Erweiterung«, sagte er und stopfte sich einen Brownie in den Mund.

»Nur falls es dich interessiert. Wir haben gleich Lagebesprechung. Kommst du mit?«, fragte Tivaro.

»Ach, fangt doch schon mal ohne mich an. Ich komme später vielleicht nach.«

»Was?« Tivaro glaubte seinen Ohren nicht zu trauen. Mit einer derartigen Abfuhr hatte er jetzt nicht gerechnet. »Das nächste Mal kriegst du eine Abmahnung!«, schnaubte er nur und verließ wütend das Haus. Sabrina und Otto starrten ihm verdutzt nach.

Was war Liebe doch für eine Zeitverschwendung!

Mit dem Bike brauchte Tivaro nicht einmal zehn Minuten bis zum Garten. Dass Otto einfach nicht mitkommen wollte, ließ sein Adrenalin ansteigen. Am Bügel bog er in einen schmalen Feldweg ein und raste dann in voller Fahrt bis zur U-Bahnbrücke herab, rauschte darunter hindurch und trat wieder in die Pedale, das es nur so staubte. Kurz danach hielt er vor einem großen Garten, der von dichten Koniferen umzäunt war. Er lehnte sein Trecking-Rad an den Zaun und schloss das Tor auf. Dann schob er sein Rad in den Garten und ließ die Eisengittertür hinter sich zufallen.

Sobald man den Garten betrat, befand man sich fast wie in einer anderen Welt – ein idyllisches Stück Natur mit Gartenlaube und Grillplatz und einer ausreichend großen Wiese zum Fußballspielen. Ein alter Brunnen mit Wasserpumpe und ein kleiner Bretterverschlag zierten den Eingang. Die große

Gartenhütte befand sich weiter hinten inmitten einer Gruppe schattiger Kiefern. Auch ein paar hohe Laubbäume gehörten zum Grundstück ganz am Ende des Gartens. Dort thronte das Hauptquartier von o-vier, ein mächtiges Baumhaus, das gut versteckt hoch oben zwischen den Ästen einer dicken Eiche und einer alten Erle verborgen lag.

Hier im Hauptquartier hielten die Jungen von o-vier regelmäßig ihre Lagebesprechungen ab. Tivaro war der Chef, Otto der Schriftführer, Nico der Computer-Experte und Jojo war eigentlich für alles gut. Er war Halb-Chinese, und niemand wusste, ob er noch weiter wachsen würde. Er konnte zwar Karate, hatte aber Schiss vor Mücken.

Im Hauptquartier wurden hauptsächlich Pläne geschmiedet und Fälle diskutiert. Wenn die Gang allerdings nach einem abgeschlossenen Fall richtig feiern wollte, dann war ihre erste Anlaufstelle die Pizzeria Da Angelo in Bonames, die ihrer Meinung nach die besten Pizzen und Pasta-Gerichte im Stadtteil servierte.

Tivaro kletterte die Strickleiter hoch und stieg ins Hauptquartier. Seit der letzten Erweiterung hatten sie sogar Strom, und das Baumhaus hatte eine neue Etage erhalten. Nico hatte auch die Haustechnik noch einmal mächtig nachgerüstet. Neben Flutlichtlampen bestand er neuerdings auf versteckten Kameras hoch in den Bäumen des Gartens, über die man die Umgebung direkt über einen Laptop-Monitor im Baumhaus beobachten konnte. Sie hatten vor einigen Wochen nämlich zwei Bankräuber im Garten, und solchen Eindringlingen wollte Nico in Zukunft vorbeugen. Ihren Komfort konnte sich die

Gang übrigens durchaus leisten: Immerhin erhielten die Detektive für die Aufklärung ihrer ersten beiden Fälle stattliche Belohnungen. Ja, Geldsorgen hatten die Jungen von o-vier wirklich nicht.

Tivaro saß auf der Eckbank am Tisch und daddelte gedankenverloren an seinem Handy herum. Seit ihrem zweiten Fall waren Otto und Sabrina nun also ein Pärchen. Das konnte schon etwas nerven. Tivaro legte sein Smartphone wieder zur Seite.

Gerade als er den Laptop mit dem Überwachungssystem startete, kamen vorm Garten zwei Fahrräder mit einem kaum zu überhörenden Bremsakt zum Stehen. Es waren Nico und Jojo. Die Jungen waren Nachbarn, und Jojo hatte Nico tatsächlich abgeholt. Sie schoben ihre Räder durch das Tor und stellten sie neben Tivaros Bike ab. Die Sonne brannte jetzt am frühen Abend immer noch ordentlich vom Himmel, und kaum ein Wölkchen war zu sehen. Ein heißer Wind blies durch die trockenen Felder, brachte aber keine Abkühlung.

Jojo wischte sich mit der Hand den Schweiß von der Stirn und rief in Richtung Baumhaus: »Hi, Tivaro, was geht?«

Tivaro blickte aus einer versteckten Luke des Baumhauses und pfiff auf zwei Fingern in die Richtung seiner Freunde. Kurz darauf erklommen Jojo und Nico das Hauptquartier über die Strickleiter, setzten sich gleich zu Tivaro an den Tisch und begrüßten sich alle mit ihrem gewohnten Handschlag.

»Gut, dass ihr da seid«, begann Tivaro. »Wir haben einen neuen Fall, Leute.«

In kurzen Sätzen berichtete Tivaro von den Geschehnissen am Flughafen und fasste dann noch einmal zusammen: »Was wir bis jetzt haben oder besser gesagt nicht haben sind ein geklauter Rucksack und zwei Typen im Overall, die meinen Vater zusammengeschlagen haben. Und es gibt noch einen Zeugen, Lars Petersen, dessen Aufenthaltsort wir kennen.«

»Den sollten wir uns vielleicht mal vorknöpfen«, schlug Jojo vor, »damit wir wissen, was er den Bullen gesagt hat.«

»Klasse Idee!«, fand auch Tivaro. »Vielleicht fällt ihm auch noch mehr ein, irgendetwas, das uns weiterbringt. Lars Petersen ist übrigens im Steigenberger Hotel in Bad Homburg abgestiegen. Stand auf der Visitenkarte meiner Mum. Was meinst du Nico? «

Nico hatte die ganze Zeit nur da gesessen und geschwiegen. Erst jetzt fiel Tivaro auf, das sein Gesicht irgendwie wie versteinert wirkte. Nico zog seine Augenbrauen hoch und sagte dann ernst: »Ich kann nicht mit zu diesem Lars Petersen.«

»Wieso denn nicht?« fragte Tivaro.

»Ihr habt ja gar keine Ahnung, was da heute wirklich abging.«

Tivaro und Jojo waren sprachlos. »Was denn? Wo denn?«, stieß Jojo hervor.

»Sorry, aber das kann ich euch jetzt echt nicht sagen. Nur soviel: Ich war heute auch am Flughafen. Ihr wisst doch, mein Praktikum.«

Tivaro fiel es wieder ein. Nico machte gerade ein Ferienpraktikum bei der Frankfurter Polizei. Dort war sein Vater

Kriminaloberkommissar beim Raubdezernat.

»Stimmt ja, dein Praktikum. Aber was weißt du denn von dem Überfall?«, wollte Tivaro wissen.

»Leute, ich sag's euch, da ist eine megaheiße Sache am Laufen«, verkündete Nico geheimnisvoll. »Und ich bin noch bis Morgen am Flughafen eingesetzt. Danach kommt Wasserschutz, dann Autobahnpolizei, Grenzschutz, Demos. Fast jeden Tag ein neues Programm. Da erfährt man viel.«

»Ja, was denn zum Beispiel? Wovon redest du überhaupt?« Tivaro wurde langsam ungeduldig.

»Ich habe Informationen zu gewissen Vorgängen heute am Flughafen, über die ich nicht reden darf.« Nicos Stimme hatte eine Spur von Überheblichkeit.

»Du besprichst also lieber alles mit der Polizei, und mit uns besprichst du plötzlich nichts?«, hakte Tivaro nach. »Du bist gerade mal zwei Tage im Bullenpraktikum. Mal nur so als Denkhilfe, Alter.«

»Das wäre jedenfalls im Augenblick zu gefährlich. Vielleicht sag' ich euch Morgen was.« Nico genoss es anscheinend, seine Macht über die Unwissenheit der anderen spielen zu lassen. »Glaubt mir, Leute. Das ist 'ne Nummer zu groß für Euch. Ich habe polizeiliche Informationen, die mein Vater nur an mich weitergegeben hat. Und er hat mir verboten, mit euch darüber zu reden.«

Tivaro konnte es nicht fassen. »Aber Morgen könnte mein Dad vielleicht tot sein. Wir haben doch sonst immer gleich alle Fakten auf den Tisch gelegt.«

«Ja, und woher haben wir die meisten Fakten und Infos? Doch wohl von mir, oder?«, behauptete Nico.

»Weil du ein Bullensohn bist«, entgegnete Tivaro.

Nico schien das zu überhören. »Und wer hat wohl das meiste Geld von uns in die Ausrüstung hier gesteckt?«

»Mann, Nico, du bist ja mal nur noch peinlich, seit du Kohle hast«, gab Tivaro verächtlich zurück.

Nico zuckte einfach mit den Schultern. »Wer hat, der hat.«

»Ja, und der hat auch Informationen, die uns vielleicht wegen der Sache mit meinem Vater weiterbringen könnten. Die unser Nico aber leider lieber vor uns zurückhält: Ätsch, ich weiß was, was Ihr nicht wisst. – Los, pack endlich aus, du Vogel!«, rief Tivaro erregt.

»Nicht in diesem Ton, Tivaro!« Beide waren plötzlich ruckartig aufgestanden und stießen dabei ihre Holzstühle um. Der viel stärkere Nico baute sich mit stolz geschwellter Brust vor Tivaro auf. »Polak potrafi!«

»Ok, manchmal sind Polizisten ja auch ganz nützlich«, lenkte Jojo ein, ehe Tivaro Nico zu nahe kommen konnte. Er saß etwas eingeklemmt zwischen den beiden und quetschte sich mühsam nach oben, um Tivaro und Nico zu trennen.

Nico entschied sich für den Rückzug. Er schnappte seine Tasche und stampfte so wütend zum Ausgang. Dann drehte er sich noch einmal um und drohte: »Leckt mich doch! Ab jetzt mache ich Ermittlungen auf meine Weise. Ihr habt ja eh keinen Plan. Und wer weiß, ob Tivaros Daddy nicht auch in der Sache mit drin steckt.«

»Was?«, schrie Tivaro außer sich. »Du Arschloch! Mein Vater ist hier das Opfer!«

»Und meiner macht euch die Hölle heiß, wenn ich ihm sage, dass ihr euch da mit reinhängen wollt.«

»Aber du?? Ich sag dir was, Nico, du bist hier sowas von raus, Mann! Hörst du, du bist raus aus der Gang. Gib mir deinen Gartenschlüssel und verpiss dich!«

Doch Nico war schon verschwunden. Drinnen hörte man noch das Gartentor klappern. Auf dem Monitor sahen Tivaro und Jojo, wie Nico mit seinem Bike davonraste.

»Aber echt voll abgehoben der Typ, heute!«, musste nun auch Jojo zugeben.

Tivaro holte tief Luft und ließ sie langsam wieder entweichen. Danach war er kaum noch wütend. Er fühlte sich eher niedergeschlagen. »Was sind wir bloß für eine tolle Gang!«, sagte er. »Der eine hängt lieber mit meiner Schwester ab, und der andere fühlt sich plötzlich als was Besseres.«

»Wollen wir jetzt allein nach Bad Homburg fahren?«

Tivaro schüttelte den Kopf. Er hatte es sich inzwischen anders überlegt. »Ich ruf mir ein Taxi und fahre in die Uni-Klinik. Ich muss wissen, was mit meinem Vater los ist.«

Jojo sah nicht gerade happy aus. »Ich glaub, dann mache ich mich mal wieder auf den Heimweg.«

»Ok, ich halte dich auf dem Laufenden. Im Augenblick bist du wohl unser einziger Mann.«

»Ja klar, Chef!«, antwortete Jojo und grinste dann etwas verlegen. »Aber das mit deinem Vater hat Nico doch wohl nicht ernst gemeint, oder?«

»Was weiß denn ich?«, gab Tivaro zurück. Er nahm seinen Rucksack und wandte sich zum Gehen. »Komm, wir müssen los. Mach den Monitor aus, die Sitzung ist beendet.«

Tivaro und Jojo kletterten nach draußen und saßen schon bald auf ihren Rädern. Jojo begleitete Tivaro noch auf dem Feldweg bis Bonames Mitte, wo sie sich ein Eis im Café Lido holten, bevor sich ihre Wege schließlich trennten.

Tivaro rief zu Hause an, um Elise nach dem neuesten Stand zu fragen. Sie war sehr aufgeregt und riet Tivaro davon ab, ins Klinikum zu fahren, weil Roland immer noch nicht aufgewacht war.

Doch Tivaro bestand auf seiner Absicht: »Einer muss schließlich bei ihm sein, wenn er wieder aufwacht. Dad kann ja wohl nichts dafür, dass du kein Blut sehen kannst.«

Elise gab ihm schließlich die Adresse der Unfallchirurgie. Tivaro schloss sein Rad direkt an der Eisdiele an. Dort würde es noch bis Mitternacht unter bester Beobachtung bleiben. Dann schlenderte er zum Taxistand neben der kleinen Ladenzeile und stieg in eines der Fahrzeuge der Frankfurter Zentralvereinigung.

Tivaro hielt dem Fahrer sein Smartphone unter die Nase. »Zu Uni-Klinik, bitte.«

»Ah, VIP-Taxi-App! Hat nix jeder. Haben Sie Pass?«, wollte der pakistanische Fahrer in gebrochenem Deutsch wissen. Im Taxi roch es nach Gewürzen.

Tivaro zückte seinen Ausweis und bestätigte den Fahrauftrag mit einem PIN-Code. Das war alles. Und es kostete nichts. Ein Super-Service für ein ganzes Jahr, den die Jungen von o-vier immer wieder gerne in Anspruch nahmen. Auch dies war ein Teil ihrer Belohnung für die Aufklärung der letzten beiden Banküberfälle.

Auf dem Weg ins Klinikum wurde Tivaro etwas mulmig bei dem Gedanken, dass sein letzter Krankenhausbesuch noch gar nicht allzu lange her war. Erst kürzlich war sein Großvater im Frankfurter Bürgerhospital unerwartet gestorben. Durch Opa Reinhard hatte er auch von dem gewaltigen Nazi-Goldschatz erfahren, den die Gang etwa zwei Wochen zuvor im Taunus entdeckte. Tivaro bedauerte zutiefst, dass sein geliebter Opa diesen Triumph nicht mehr erlebt hatte.

Tivaro wählte die Nummer der Intensiv-Station, auf der sein Vater lag. Die Schwester am anderen Ende erklärte ihm, sie könne nur Angehörigen Auskunft über Patienten geben.

»Aber ich bin doch sein Sohn. Tivaro Kirchner.«, sagte Tivaro etwas genervt.

»Und woher soll ich das wissen, junger Mann? Ich habe nur eine Rufnummer von ihrer Mutter, falls sie das ist. Und nur darüber gehen Nachrichten heraus. Kommen Sie her und weisen Sie sich aus. Dann sehen wir weiter.«

»Vielen Dank! Sie haben mir sehr geholfen. Ich bin auf dem Weg«, sagte Tivaro und legte auf. Immerhin hatte er als Fremder der Schwester trotz ihrer Bedenken entlockt, dass sein Vater überhaupt auf dieser Station war.

»Alles Sischerheit«, sagte der Taxifahrer. »Heute ganz überall s Sischerheit: Airport, Bahnhof, Hotel, Messe, Kaufhaus, Bank, Hospital, Autobahn, Taxi, alles Sischerheit.«

»Ja, ja. Fahren Sie einfach weiter. Machen Sie Musik an und das Fenster auf. Ihre Klimaanlage stinkt.«

Der Fahrer brummte etwas und schwieg dann für den Rest der Fahrt.

Vielleicht war ich nicht sehr höflich, dachte Tivaro. Aber draußen waren immer noch dreiunddreißig Grad Hitze, und Tivaro fühlte sich wirklich nicht sonderlich gut an diesem Abend.

Tivaro betrat das Klinikgebäude durch eine große massive Holztür. Der Geruch von Desinfektionsmitteln und Salben strömte ihm in die Nase. Der Eingang zur Intensiv-Station war von außen verschlossen. Erst auf ein Signal hin erschien eine junge Dame in grüner OP-Kleidung und weißem Mundschutz hinter der Glastür und öffnete sie von innen mit ihrem Ellenbogen.

»Ich bin Tivaro Kirchner.«

»Habe ich mir gedacht. Ich bin Stationsschwester Anne. Ich bringe dich mal zu deinem Vater.«

»Wollten Sie nicht meinen Ausweis?«, fragte Tivaro.

»Den brauche ich wohl nicht bei der Ähnlichkeit«, meinte Schwester Anne. Als sie sich dem Krankenzimmer näherten, mahnte sie Tivaro leise: »Du kannst aber noch nicht mit deinem Vater reden. Den kriegst du heute jedenfalls nicht wach. Aber das sagt dir am besten der behandelnde Arzt.«

Die Stationsschwester ließ Tivaro im Zimmer stehen und entfernte sich, um den Stationsarzt zu holen. Tivaro fand Schwester Anne nett.

Professor Doktor Lange erschien wenig später und reichte Tivaro seine weiche Latex-Hand: »Du bist der Sohn?«

Tivaro nickte. Der Arzt führte Tivaro näher an ein Bett an der Wand und wies auf den bandagierten Kopf, der auf einem mit Jodtinktur verklebten Kissen lag.

»Tja, klassisches Schädel-Hirn-Trauma. Wir haben deinen Vater in ein künstliches Koma versetzt wegen der Hirnschwellung. Das passiert oft. Vor allem beim Sport. Aber natürlich auch vor dem Sport und nach dem Sport. Schuld ist in den meisten Fällen jedenfalls der Sport. Treibt dein Vater Sport?»

»Nein, er wurde zusammengeschlagen.«

»Ach so ist das.« Mit einer hastigen Bewegung wandte sich Professor Doktor Lange um und wies auf das gegenüberliegende Bett. »Äh, dort liegt also dein Vater. Ja – kleine Platzwunde am Kopf – zwei Mal getackert. Leichte Gehirnerschütterung, sonst ist sein Zustand stabil. Er bleibt aber noch bis Morgen zur Beobachtung hier. Noch Fragen?.«

»Also kein künstliches Koma. Und warum wacht er dann nicht auf?«, wollte Tivaro wissen.

»Dein Vater war total high. Oder vielmehr so abgehoben, dass er schon wieder down war. Klarer Fall von K.O-Tropfen.«

»Ach so.« Tivaro nickte freundlich. »Vielen Dank für die gute Nachricht, Doktor. Ich geh' dann jetzt wohl besser.«

Ein bisschen viel abgehoben heute, dachte Tivaro nur. Er drückte seinem Vater freundlich die bleiche Hand mit der Kanüle, die auf seiner Bettdecke lag. Dann entfernte er sich leisen Schrittes. Draußen auf dem Gang rief er nach einem Taxi, das ihn wieder zurück nach Bonames brachte.

Das Angebot

Am Freitagmorgen rief Tivaro Jojo an und sie verabredeten sich im Garten. Otto hatte die Nacht bei den Kirchners verbracht und schlief noch. Tivaro, Otto und Sabrina hatten noch bis spät abends zusammen gehockt und über den neuen Fall und Nicos Auftritt geredet. Auch Otto war nicht sonderlich begeistert über die neueste Entwicklung.

Elise war in der Küche beschäftigt. Sie bereitete Braten und Grillspieße für die bevorstehende Gartenfete. Sabrinas Geburtstag konnte ja nun ungetrübt stattfinden, und sie hatten beschlossen, die Geburtstagsfeier mit ihren Freundinnen einfach mit einem Public Viewing im Garten zusammenzulegen, das für das nächste Fußball-WM-Spiel gegen Deutschland geplant war. Und das fand am morgigen Samstag Abend statt.

Die vier Freunde hatten ein paar Tage zuvor schon einiges für einen geselligen Fußballabend im Garten vorbereitet. Nico war für die Organisation von Beamer und Leinwand zuständig, und Tivaro, Otto und Jojo hatten sich um Chips, Popcorn und Getränke gekümmert.

Tivaro drückte seiner Mutter einen Kuss auf die Stirn. »Sag Otto Bescheid, dass Jojo und ich schon im Garten sind.«

Tivaro schwang sich auf sein Bike und radelte los. Er bog gerade um die letzte Ecke, als er sah, wie Nico vor dem Garten auf sein Fahrrad stieg, um wegzufahren.

»Nico, warte!«, rief Tivaro. Kurz darauf hatte er ihn eingeholt.

»Ich wollte euch nur den Schlüssel zurück bringen, aber es war keiner da«, sagte Nico. Die beiden Jungen standen sich mit ihren Rädern gegenüber.

Tivaro zögerte, den Schlüssel anzunehmen. »Ich würde gerne mal erfahren, was du mehr über die Flughafen-Sache weißt als wir. Dann kannst du meinetwegen wieder abziehen.«

»Na gut, ich sag dir soviel: Der Frankfurter Flughafen wurde gestern den ganzen Tag von Spezialeinheiten in Zivil überwacht. Mein Vater sagte was von einem Mega-Deal. Etliche Kilo Kokain sollten über ahnungslose Passagiere auf dem Flughafen eingeschmuggelt und dann von Mittelsmännern in Empfang genommen werden.«

»Und was hat das mit dem Überfall auf meinen Vater zu tun?«, wollte Tivaro wissen.

»Frag lieber, was dein Vater vielleicht mit der Drogensache zu tun hat. Meiner hat da nämlich so Andeutungen gemacht.«

»Du meinst, die Polizei verdächtigt meinen Vater? Weshalb denn?«, fragte Tivaro weiter.

»Die glauben eben, dass man versucht hat, Drogen über ihn nach Deutschland zu kriegen«, antwortete Nico.

Tivaro überlegte kurz. »Das könnte echt sein. Mein Vater hat nämlich seinen Rucksack vermisst. Und für den Koffer hat sich scheinbar keiner interessiert, obwohl der doch viel wertvoller aussieht als ein gewöhnlicher Rucksack. Ich kenne Rolands Geschmack ja. Ich meine, wer klaut schon was von Jack Wolfskin?«

Nico nickte. »Ein interessantes Detail. Von einem gestohlenen Rucksack sagte mein Vater nämlich nichts.«

»Da siehst du es ja. Du weißt auch nicht alles aber machst hier einen auf Angeber«, meinte Tivaro.

»Ohne mich läuft bei euch doch nichts. Ich dagegen bin durch meinen Vater ständig auf dem neusten Stand. Ihr werdet es ja sehen. Hier ist der Schlüssel.« Erneut versuchte Nico Tivaro den Schlüssel zu übergeben, doch Tivaro ignorierte das.

»Denk doch mal nach, Alter! Wir haben zwei Bankräuber überlistet und einen Nazi-Schatz gefunden. Und alles hat doch nur geklappt, weil wir zusammen gehalten haben. Wieso planst du denn jetzt plötzlich einen Alleingang?«, fragte Tivaro.

»Weil ich bisher immer die Hauptarbeit gemacht habe«, erwiderte Nico.

»Das sehe ich aber anders«, sagte Tivaro.

»Und ihr habt von unserer Belohnung bisher kaum was investiert. Dabei könnten wir rumlaufen wie Justin Bieber, wenn wir wollten. Mit Goldketten und so.«

»Genau das meine ich. Deine Protzerei widert mich echt an.«, entgegnete Tivaro. »Mann, morgen ist das Spiel, und wir sind noch nicht mal komplett«, fügte er nachdenklich hinzu.

»Mein Vater kommt auf alle Fälle. Vielleicht lasse ich mich ja auch blicken«, lenkte Nico ein.

»Dann behalte den Schlüssel noch«, bot Tivaro an, und ein kleiner Hoffnungsschimmer stieg in ihm auf.

»Okay, mal sehen, was sich ergibt. Ich hab jetzt jedenfalls noch einiges vor, das den Flughafen-Deal betrifft.«

Noch ehe Tivaro weitere Fragen stellen konnte, hatte Nico bereits sein Rad gewendet und war losgefahren. Tivaro zuckte die Schultern und wartete auf die anderen beiden Jungen.

Nico radelte schon eine ganze Weile einfach ziellos durch die Dörfer. Eigentlich hatte er gar keinen bestimmten Plan. Aber er war fest entschlossen, etwas auf eigene Faust zu unternehmen. Er wollte den anderen von der Gang beweisen, was er drauf hatte. Schließlich war sein Vater Kriminaloberkommissar und schon einmal eine äußerst praktische Informationsquelle gewesen. Er verstand es eben immer wieder, seinem Vater beim Frühstück Einzelheiten zu Kriminalfällen zu entlocken, die der Kommissar normalerweise nie preisgeben würde.

Nico war an einem kleinen Bolzplatz in Nieder-Eschbach angekommen. Dort hatte die Gang von o-vier schon öfters mit Jungen aus der Nachbarschaft Fußball gespielt. Mal sehen, was unsere Feinde so treiben, dachte Nico. Zwei Teenager standen bei einem der Tore.

Einer von ihnen pfiff zu Nico herüber. »He du! Komm mal her.« Das war eindeutig Max krächzende Stimme. Und neben ihm stand Tom, der ein bisschen kleiner und jünger war. Nico kannte Tom schon seit der Grundschule.

Tom und Max waren etwa zwei Jahre älter als die Jungen von o-vier und wohnten im Papageien-Hochhaus. Sie hatten sich schon öfter einmal mit der Gang von o-vier angelegt. Nico konnte beide nicht leiden. Für ihn waren Tom und Max nur zwei Assis. Dennoch betrat er den Platz durch eine Öffnung im Zaun. Die tagelange Hitze hatte den Rasen verbrannt und nur verdorrte Stoppeln übrig gelassen.

»Du bist doch dieser Nico, der immer mit Tivaro und so abhängt, stimmt's?«, stellte Max fest. »Kannst ruhig ein bisschen mit uns kicken.«, meinte er grinsend. »Wir beißen auch nicht.«

Nico war einverstanden. Er hatte einen guten Schuss drauf und war auch im Zweikampf ziemlich stark. Deshalb ließ er sich irgendwie sogar gerne auf ein kurzes Spiel ein, bei dem er wohl kaum sein Gesicht verlieren konnte.

»Du gegen Tom, ich bin im Tor«, bestimmte Max schnell, ohne Nicos Entscheidung abzuwarten.

Max stellte sich zwischen die beiden Torpfosten. »Mal sehen, was ihr so könnt.«, rief er frech und schoss den Ball dann im hohen Bogen direkt zu Tom, der plötzlich einfach Richtung Spielfeldmitte über das staubige Feld stürmte. Er sicherte sich den Ball ziemlich deutlich vor Nico, der ebenfalls gleich losgelaufen war. Geschickt dribbelte er an ihm vorbei und schoss den Ball dann aus dem Stand direkt in den rechten Torwinkel. »Das war Nummer eins.«, rief er lachend.

»Nicht schlecht. Ihr spielt wohl ziemlich oft hier«, vermutete Nico.

»Spielen vielleicht nicht so oft, aber wir sind auch sonst immer hier, wenn es auf den richtigen Kick ankommt, nicht wahr, Max?« Tom wandte sich zu Max um, und die beiden grinsten sich wissend an.

»Genau«, krächzte Max und lachte dreckig, »wenn du verstehst, was er meint.«

Nico verstand nicht, was die beiden andeuteten. Dann ging es wieder weiter, und jedes mal gab Max unfaire Vorlagen für Tom, an die Nico nicht heran kam. Nach einer Weile stand es fünf zu eins für Tom, während Nico bereits ein wenig die Lust am Fußball verloren hatte. »Ich muss los.«, gab er vor.

»Jetzt schon? Wie spät soll es denn sein?«, fragte Tom.

»Bei uns gibt es früh Mittagessen«, sagte Nico.

»Bei mir immer später. Ist mir egal, weißt du?«, erwiderte Tom und tippte auf sein uhrloses Handgelenk.

»Ja, weil du die Uhr immer noch nicht lesen kannst«, meinte Nico grinsend.

»Ok, vielleicht sieht man sich ja mal wieder.« Max war an Nico herangetreten und grinste. Nico wunderte sich erst, dass Max ihm zum Abschied die Hand geben wollte. Er griff aber wie automatisch zu, und als er Max los ließ, hielt er plötzlich ein kleines Plastiktütchen in der Hand. Das sind Drogen, fuhr es ihm schlagartig durch den Kopf.

»Ist echt geiler Stoff«, warb Max. »Kleine Kostprobe ganz ohne Bezahlung. Glaub mir, ich bin selbst gerade voll drauf. Das Zeug verleiht echt Flügel.« Prüfend sah er Nico an.

Tom stand daneben und winkte ab. »Klar, Flügel. Deswegen steht er ja auch total stoned im Tor und hält nichts«, sagte er lachend zu Nico.

Nicos Herz klopfte. Niemals im Leben hätte er Drogen auch nur angerührt! Dennoch griff er zu und steckte sich das Tütchen in die Hosentasche. »Okay, danke, aber ich nehme es später«, sagte er und wandte sich zum Gehen. Er wollte jetzt so schnell wie möglich weg von hier.

»Moment mal, wir können es doch jetzt gemeinsam zusammen durchziehen«, wandte Tom ein. »Ist doch genug für uns drei.«

Nico wurde das Gefühl nicht los, das die beiden Jungen ihn testen wollten. »Ihr könnt gerne noch was davon ab haben. Aber ich will jetzt nicht.«

Tom und Max sahen sich kurz an. »Du hast doch schon mal gekifft, Alter, oder?«, wollte Max wissen.

»Na klar, schon oft«, log Nico.

Max bekam ein fettes zufriedenes Grinsen im Gesicht. »Hast du dein Handy dabei? Ich gebe ich dir mal meine Nummer. Neue Kunden sind uns immer willkommen«, sagte er dann.

Nico holte sein Smartphone aus der Tasche und gab die Zahlen, die Max ihm diktierte, über die Tastatur ein. »Ah, Frankfurter Festnetz«, meinte er. »Deine Nummer?«

»Sei mal nicht so neugierig«, erwiderte Max. »Das ist eine Geheimnummer. Über die kannst du Nachschub bestellen. Ist echt ein super Angebot. Du brauchst nur sagen: Hi, wie geht's. Können wir uns treffen?«

»Wo?«, fragte Nico und schob sein Smartphone in die Hosentasche zurück.

»Mann, du stellst vielleicht Fragen! Hier zum Beispiel. Der Treffpunkt wird dir natürlich mitgeteilt, und dann komme entweder ich oder Tom oder ein anderer.«

»Ihr seid ja richtige Dealer«, staunte Nico und bereute für eine Sekunde, dass er seine Ansage nicht gerade glücklich formuliert hatte.

Doch Max schien nicht besonders argwöhnisch zu sein. »Sagen wir mal so: Wir sind eben die Checker und bessern unser Taschengeld auf.«

»Ja genau!«, bestätigte Tom. »Du müsstest echt mal sehen, wo wir so abhängen, Alter. Unser Boss hat 'ne echt fette Bude«, schwärmte er.

»Sogar mit Billiardtisch im Keller und 'ner Hängematte«, sagte Max.

»In der er immer nur faul 'rumliegt. Das ist sein Lieblingsplatz«, ergänzte Tom. »Komm doch mal mit, wenn du Bock hast. Wir sind echt immer voll gut drauf.«

Nico bemühte sich, interessiert zu wirken. »Hört sich ja geil an«, nickte er grinsend. »Kann man da viel verdienen?«

»Du scheinst echt voll in Ordnung zu sein«, meinte Max zu Nico. »Verstehe gar nicht, warum du lieber mit uncoolen Leuten zusammen bist.«

Nico gab darauf keine Antwort. Ja, warum war er überhaupt mit diesen drei Möchtegern-Detektiven Tivaro, Otto und Jojo zusammen, überlegte er und fand, dass er gerade wirklich die Nummer Eins unter allen Detektiven der Welt war.

»Ich kann ja mal mitkommen, aber ich muss jetzt echt los«, sagte Nico vorsichtig.

»Moment mal!« sagte Max plötzlich, umschlang Nicos Hals und hatte ihn sofort im Schwitzkasten. »Irgendwie passt mir nicht, dass du keinen Joint mit uns durchziehen willst. Gib das Gras mal wieder her.«

Nico durchfuhr es siedend heiß. Nur nichts anmerken lassen, dachte er. Wenn er das Drogentütchen jetzt wieder zurück gab, war sein ganzer Bluff nichts mehr wert. »Nein, kriegst du nicht«, sagte er gepresst. »Ich will das Zeug doch später testen.«

Max machte eine bedrohliche Kunstpause. »Ich hoffe, du verarscht uns nicht, Nico. Wenn du irgendwo deine Klappe aufmachst, wird es ziemlich ungemütlich für dich. Und erzähl am besten auch deinen Kumpels nichts von uns. Die kiffen ja noch nicht mal.«

Tom rührte sich nicht, hatte sich aber an Max Seite gestellt.

»Keine Sorge. Ich sag' schon keinem was«, keuchte Nico und fühlte einen Kloß im Hals. Gegen beide hätte er jetzt allein keine Chance gehabt.

»Dann ruf die Nummer bald an und bestell' was. Dann weiß ich, ob wir dir trauen können«, forderte Max, bevor er Nicos Genick endlich wieder freigab.

Dann legte er wie ein Kamerad seinen fetten Arm um Nicos Schulter und raunte ihm dabei für Tom unhörbar ins Ohr: »Ich hab' auch noch was ganz Anderes. Allererste Ware. Gestern ganz frisch reingekommen. Alles unter dieser Nummer. Frag' einfach nach Lamin!« Max Stimme hatte einen beschwörenden Klang.

»Alles klar, ich melde mich«, versprach Nico. Er verließ den Bolzplatz durch die Zaunlücke, durch die er gekommen war, stieg wieder auf sein Rad und fuhr zügig los.

Nico sortierte seine Gedanken. Tom und Max sind also Dealer, ging es ihm durch den Kopf. Und er hatte echtes Gras als Beweis in der Tasche. Sogar mit Fingerabdrücken. Möglicherweise gab es jetzt auch eine Spur zum Flughafen-Deal. Nico fühlte sich wie ein Undercover-Agent. Immer wieder dachte er an Max Anspielungen über ‚was ganz Anderes'. Damit konnte doch eigentlich Kokain gemeint sein. Oder eine andere

Droge. Dann kamen Nico wieder Zweifel: Vielleicht wollten die beiden Angeber auch nur mal auf cool machen und hatten ihm bloß Küchenkräuter angedreht. Nico bereute, dass er das Drogentütchen ohne Tivaros Hilfe nicht untersuchen konnte. Dessen Kenntnisse in Sachen Natur waren einfach unschlagbar. Und seinem Vater wollte er das Zeug auch nicht geben. Nico platzte fast vor Eifer, doch irgendwie konnte er jetzt mit niemanden über sein Wissen sprechen. Erst am späten Abend schrieb er an Tivaro noch eine SMS:

Hi Tivaro, wir müssen morgen unbedingt über meinen Fall reden. Bin spätestens zum Anpfiff im Garten.

Super, Holger!

Die Jungen von o-vier trafen sich am Nachmittag im Garten, um noch letzte Vorbereitungen für das Spiel am Abend zu treffen. Nico ließ noch auf sich warten.

Ein Pritschenwagen hielt vor dem Garten. »He, kommt mal raus, Jungs, und ladet das Zeug ab«, schrie es aus dem Wagenfenster. Das war Holger, der Schwarm von Ottos Mutter Brigitte.

Mit vereinten Kräften zogen Tivaro, Otto und Jojo aufklappbare Holztische von der Ladefläche und schleppten sie auf die Gartenwiese. Später sollte hier auch noch ein kaltes Büffet aufgebaut werden. Während die Jungen die schweren Tische abluden, begnügte sich Holger damit, einen kleinen Beamer in den Garten zu tragen.

»Vergesst die Kanthölzer nicht«, rief er den Jungen zu. »Die brauchen wir als Pfosten für die Leinwand.«

»Dein Holger ist selber ein Vollpfosten«, bemerkte Jojo leise zu Otto.

»Das ist nicht mein Holger«, verteidigte Otto sich. »Ich weiß ja auch nicht, was meine Mutter an dem findet.«

»Wie der schon herum latscht mit seinem albernen Trikot von 1990«, bemerkte Tivaro.

Sie stellten die Klapptische und Sitzbänke auf und schwitzten in der Sonne. Holger hatte sich eine Axt geschnappt und spitzte seine Kanthölzer zu.

»Wo bleibt denn Nico? Der ist auch nicht gerade eine Hilfe, wenn er mit Abwesenheit glänzt«, stöhnte Otto.

»Er hat gesagt, dass er kommt«, gab Tivaro zurück.

Zu allem Überfluss hatte Holger einen riesigen Gas-Grill aus seinem Centy-Markt mitgebracht. Er war dort Filialleiter und sehr stolz auf seine Position. Dafür hatte er Brot vergessen. Den Grill mussten die Jungen alleine vom Pritschenwagen abladen.

»Wir haben doch schon alles zum Grillen besorgt. Ein Gas-Grill ist was für Mädchen«, schimpfte Tivaro. »Wir hatten ausdrücklich Holzkohle vereinbart, und jetzt dreht dein Holger wieder eigene Dinger.«

»Das ist nicht mein Holger«, wehrte sich Otto erneut. »Lassen wir ihm doch seinen Spaß mit dem Blechkasten. Das Ding kriegt der eh nicht zum Laufen. Und wir können dann später in Ruhe mit unserer Kohle grillen.«

Holger stakste ungelenkig um den großen Grill herum und hantierte mit der Gasleitung. Die Jungen von o-vier setzten sich auf eine der Bänke, um eine Pause zu machen und Holger beim Aufbau seines Gas-Grills zuzusehen.

»Vielleicht fliegt ihm das Ding ja um die Ohren, so wie der sich anstellt«, grinste Jojo. »Sie müssen die Leitung mit der Gasflasche verbinden«, empfahl er.

»Das weiß ich selber, Klugscheißer!«, rief Holger zurück. »Passt mal auf! Wir machen nachher ein Wettgrillen. Wer zuerst was fertig hat, ist Sieger.«

»Aber nur mit Zeitvorsprung«, forderte Jojo. »Das ist doch sonst total unfair. Ein Gas-Grill ist viel schneller heiß als unsere

Kohlen.«

»Euer Pech!«, entgegnete Holger. »So, und jetzt holt lieber mal ein paar Eimer Wasser vom Brunnen, damit ich den trockenen Boden für die Kanthölzer feucht bekomme«, verlangte er.

»Das kannst du ja machen und solange auf Nico warten, bis wir wieder zurück sind«, bat Tivaro Jojo, und dann fuhren er und Otto mit ihren Rädern los, um die noch fehlenden Brötchen und Baguettes vom Bäcker zu kaufen.

»Drückeberger!«, rief Jojo ihnen lachend nach.

Tivaro und Otto waren kaum außer Sichtweite, als Nico von der anderen Seite mit seinem Rennrad auftauchte. Jojo und Nico begrüßten sich.

Jojo deutete auf Holger, der keine zehn Meter entfernt gerade damit beschäftigt war, Elises Blumenbeete zu wässern.

»Was hat der denn vor?«, wollte Nico wissen.

»Der baut eine Befestigung für die Leinwand. Soll zwei Meter fünfzig hoch werden«, erklärte Jojo. Beide waren an Holger herangetreten.

»Können wir irgendwie helfen?», bot Nico an, als Holger gerade versuchte, einen der langen Pfosten in den aufgeweichten Boden zu rammen.

»Das Public Viewing baue ich alleine auf. Ist schließlich Männersache«, meinte Holger übermütig.

»Es wird Elise aber kaum freuen, wenn Sie ihre Tomaten- und Blumenbeete einstampfen», bemerkte Nico.

»Wollt Ihr Blumen essen oder Weißworscht?«, keuchte Holger. Er hatte sich mit vollem Gewicht an den aufgestellten Holzpfahl geklammert und schaukelte ungeschickt an ihm herum, um ihn in den Boden zu treiben.

»Vielleicht sollte man vorher Löcher für die Pfosten graben«, schlug Jojo vor.

»Das macht man vielleicht bei euch in China so. Aber bei uns geht das noch mit echter Männerkraft«, gab Holger zurück.

Aus Jojos Handy erklang plötzlich die Melodie von Pippi Langstrumpf.

»Geiler Klingelton«, bemerkte Nico ironisch.

Jojo errötete und beeilte sich, das Gespräch anzunehmen. »Jojo hier«, meldete er sich. Es war Tivaro, der wissen wollte, ob Nico bereits eingetroffen war.

»Ja, Nico ist hier. Willst du ihn sprechen?«, fragte Jojo und stellte sein Smartphone laut.

»Ach nee, lass mal», antwortete Tivaro. Wir sind eh gleich da. Wir haben auch noch Rosinen-Schnecken mit dabei.«

»Alles klar, dann bis gleich«, gab Jojo zurück und legte auf.

»Komisch, warum ruft der nicht mich an, wenn er nur wissen will, wo ich bin«, wunderte sich Nico.

Jojo zuckte die Achseln und entgegnete: »Keine Ahnung. Ist vielleicht wegen gestern«, vermutete er.

»Die anderen sind vielleicht echt noch sauer auf mich.« Nicos Stimme klang etwas beunruhigt.

»Ach, was soll schon sein?«, tröstete ihn Jojo. »Wir sind doch eine Gang und halten zusammen.«

»Du wärst also dafür, dass wir zusammen weitermachen?«, fragte Nico.

»Na klar, was denn sonst?«, kam es von Jojo zurück.

»Danke!«, sagte Nico erleichtert. »Dann weiß ich ja, dass ich mich schon mal auf dich verlassen kann.«

Wenig später trafen Tivaro und Otto ein und brachten das Brot ins Gartenhaus. Die Gang begrüßte sich mit ihrem gewohnten Handschlag, und der ganze Streit von Donnerstag schien vergessen zu sein.

Nico wollte seine Neuigkeiten am liebsten sofort loswerden. »Leute, ihr werdet nicht glauben, was ich gestern herausgefunden habe.«

»Hat es was mit Rolands Fall zu tun?«, wollte Tivaro wissen.

»So direkt nicht«, antwortete Nico.

»Dann ist es auch nicht wichtig«, gab Tivaro knapp zurück. »Wir verschieben unsere Lagebesprechung auf später. Wir müssen erst auf meinen Vater warten. Der ist seit heute aus dem Krankenhaus raus und kommt nachher zum Essen. Dann kann er uns alles, was er weiß, erzählen.«

Nico gab sich etwas murrend zufrieden.

Gegen fünf kamen die Wangs im eigenen Taxi und brachten die Sound-Technik für die Spielübertragung mit. Auch Nicos Vater fuhr pünktlich in einem Zivilwagen vor.

Bis sechs waren mit Ausnahme von Roland auch Elise, Sabrina und ihre Freundinnen eingetroffen.

»Roland geht es gut«, verkündete Elise zu Tivaros Freude. »Er kommt nachher zum Spiel und hat sich vorher noch ein wenig hingelegt, um seinen Kopf zu schonen.«

Dann entdeckte Elise Holgers Public-Viewing-Baustelle.

»Meine schönen Blumen!«, beschwerte sich Elise und blickte entsetzt auf ihre zerstörten Beete. »Und unsere Tomaten!«, rief sie verzweifelt. Holger hatte ihren Blumen- und Gemüsegarten in ein wahres Schlachtfeld verwandelt und im Umkreis von fünf Metern um jedes Pfostenloch alles pflanzliche Leben zertreten.

»Wo gehobelt wird, da fallen eben Späne«, verteidigte sich Holger. »Das sind doch nur Kollateralschäden.«

»Oder Hirnschaden«, korrigierte Otto kaum hörbar.

»Was hast du gesagt, Kleiner?«, schnauzte Holger.

»Gar nichts«, gab Otto zurück. »Ist das Gestell überhaupt stabil?«

»Was denkst Du denn, Kleiner?«, sagte Holger und latschte quer über das Beet auf seine Pfahl-Konstruktion zu, an der inzwischen die Leinwand befestigt war.

»Untersteh' dich Holger!«, schrie Elise auf. »Raus aus meinen Beeten!»

Elise schritt gerade wütend auf Holger zu, als eine Nachzüglerin am Gartentor erschien. Es war Miss Körner, Tivaros dicke Englisch-Lehrerin, die eigentlich Frau Korner hieß. »Hallöchen, meine Lieben!«, rief sie fröhlich in die Runde und quetschte sich mit einer Salatschüssel durch das Tor.

»Ah, ihr köstlicher Kartoffelsalat! Der passt ja prima zu meiner Weißwurscht«, lobte Holger statt eines Grußes. »Aber der reicht ja gerade mal für uns zwei, schöne Frau«, witzelte er und zwinkerte der Lehrerin zu.

»Wo ist eigentlich Ottos Mutter?«, fragte ihn Miss Körner.

»Ach Brigitte!«, rief Holger und schlug sich vor den Kopf. »Die muss ich ja noch abholen.« Und schon war er aus dem Garten heraus und mit seinem Pritschenwagen um die Ecke verschwunden.

»Und bring Blumenzwiebeln aus deinen Laden mit!«, rief ihm Elise hinterher. »Den Schaden ersetzt du mir!«

»Da hat er wohl noch mal Glück gehabt«, meinte Otto und die anderen Jungen lachten.

»Ja, wenn's um ihren Garten geht, versteht Mama überhaupt keinen Spaß«, wusste auch Sabrina, die sich inzwischen zu den Jungen gesellt hatte.

Eine halbe Stunde später kam Holger mit Brigitte zurück und vermied es für den Rest des Abends, Elise näher als drei Meter zu kommen. Jojos Eltern hatten inzwischen Lautsprecher nahe der Leinwand platziert und fummelten an der Tontechnik herum.

»Die Boxen müssen viel näher an das Bild«, behauptete Holger. »Ich mache sie mal direkt an der Leinwand fest.«

Die höflichen Wangs zögerten zunächst und versuchten Holger klar zu machen, dass man Dreitausend-Euro-Lautsprecher nicht einfach an ein Kantholz nageln sollte, gaben dann aber nach, als Holger die Boxen schließlich mit etwa vierzig Meter Isolierband an seiner Leinwand-Konstruktion befestigte. Dabei lief er mit der Rolle in der Hand jedesmal solange um den Pfahl herum, bis er sie abgewickelt hatte und stampfte dabei die ganze Zeit über die zermatschten Tomaten.

Elise saß resigniert in der Nähe und schüttelte nur mit dem Kopf. »Dein Holger ist so ein Arsch«, sagte sie zu Brigitte. Ihre Beete hatte sie längst aufgegeben.

Als gerade die letzten Vorbereitungen für die Grill-Party im Gange waren, kam Tivaros Vater Roland zusammen mit Lars Petersen, seinem Arbeitskollegen. Er trug einen weißen Kopfverband, den eine kleine Deutschland-Flagge zierte. Tivaro bestürmte ihn sofort mit Fragen, aber sein Vater wehrte ab. »Langsam, langsam, Tivaro. Ich erzähle euch alles beim Essen. Aber erst muss ich euch allen meinen Arbeitskollegen vorstellen: Lars Petersen, der mir fast das Leben gerettet hat.«

Ein bewunderndes Raunen ging durch alle Gäste.

»Na, der kommt uns aber gelegen. Wollten wir den nicht besuchen?», erinnerte sich Jojo.

»Ja, genau«, bestätigte auch Otto.

»Wieso wolltet ihr denn den Herrn Petersen besuchen?«, fragte Sabrina.

»Sei mal nicht so neugierig!«, sagte Tivaro. »So war nun mal der Plan: Eine Zeugenbefragung. Aber wir besprechen uns nach dem Essen im Hauptquartier. Alles klar, Jungs?»

Die anderen nickten.

»Und was besprechen wir dann?«, bohrte Sabrina weiter.

Tivaro winkte ab. »Du besprichst da schon mal gar nichts. Du kannst dich ja mit den Mädels amüsieren.«

Lars war inzwischen an das kalte Büfett herangetreten und lobte die vielen Köstlichkeiten, die inzwischen aufgebaut waren.

»Na, das sieht ja alles super aus hier«, lobte Lars Petersen mit einem typisch skandinavischen Akzent. Jojo musste leicht grinsen. »Der klingt ja wie der Typ aus der IKEA-Werbung«, sagte er leise und alle grinsten.

Lars Petersen war ein hochgewachsener Norweger mit kurzen blonden Haaren. Tivaro taxierte ihn. Er war ziemlich unspektakulär gekleidet. Er trug dunkelblaue Jeans und dazu ein klassisches weißes Hemd. Tivaro stufte ihn eher als ruhigen Typ ein. Er wusste, dass er für die IT-Technik auf der Bohrinsel seines Vaters arbeitete. Er war nicht gerade der bullige Mechaniker, den man von Ölplattformen her kannte.

Lars Petersen holte aus seiner Tasche ein helles Paket heraus, das sich als in Papier gewickelte norwegische Lachsforellen entpuppte.

»Auch ich wollte mit einer kleinen heimischen Spezialität aufwarten«, verkündete er. »Man kann sie vorzüglich grillen.«

Nico rümpfte die Nase. »Ich hasse Fische!«, ließ er wissen.

»Ich auch«, bestätigte Tivaro.

»Haben Sie die aus Norwegen mitgebracht?«, fragte Nicos Vater. Er kannte Lars Petersen von der Zeugenvernehmung.

»Natürlich nicht«, lachte der Norweger. »Der stammt fangfrisch aus der Großmarkthalle.«

»Sie meinen sicher unsere Frankfurter Kleinmarkthalle, lieber Herr Petersen«, verbesserte Miss Körner. »Da kaufe ich auch öfter mal ein. Ich sage Ihnen: die Fleischbällchen dort sind ein Gedicht!« Genüsslich zog sie ihre Finger durch die Lippen.

»In meinem Laden gibt's auch lecker Fleischbällchen«, warb Holger etwas eifersüchtig.

»Sie haben kaum einen Akzent. Woher können Sie so gut deutsch?«, fragte Miss Körner unbeirrt.

»Ach, wissen Sie. Ich reise viel hin und her zwischen Skandinavien und Deutschland», erklärte der Norweger und lächelte bescheiden. »Da spreche ich viel mit den deutschen Kollegen.«

Holger klatschte in die Hände und rief aus: »So, und jetzt werfen wir mal unsere Grills an. Wir wollen doch mal sehen, wer hier die schnellsten Weißwürschte macht.«

»Wir grillen Steaks«, sagte Tivaro.

»Egal. Alles hört auf mein Kommando.« Holger war hinter seinen Grill getreten. Die Jungen von o-vier hatten sich um ihren Holz-Kohlengrill geschart und verteilten noch schnell Grillanzünder-Tabs über der Kohle.

»Auf die Plätze – fertig – los!«, kommandierte Holger und dann passierte es. Plötzlich hielt Holger ein Feuerzeug in der Hand.

»Wozu braucht denn der Depp ein Feuerzeug?«, ging es Tivaro noch durch den Kopf.

»Was riecht hier denn so komisch?«, dachte Elise.

»Was machen Sie denn da?«, brüllte Nicos Vater. »Hören Sie sofort auf damit!«

Doch es war schon zu spät. Holger hielt sein Feuerzeug direkt an den Grill, und mit einem lauten Wufff! entlud sich eine riesige Stichflamme, die rauchend in den Himmel flackerte. Alle schrien durcheinander. Zum Glück standen zwei Eimer Wasser in der Nähe, mit der Lars Petersen den Brand löschte. Niemand wurde bei dieser Aktion verletzt, und wie durch ein

Wunder hatte nur Holgers Frisur etwas ab bekommen, und sein Trikot-Hemd hing in lustigen Fetzen herunter.

Nicos Vater begutachtete den Gas-Grill fachmännisch. »Haben Sie da etwa Brandbeschleuniger rein gekippt?«, fragte er nach kurzer Zeit.

»Doch bloß zwei Liter Spititus«, gab Holger zu.

»Das ist ein Gas-Grill, Sie Vollhorst!«

»Holger heiße ich«, verbesserte Holger kleinlaut.

»Ja, super Holger! Mann, das hätte tödlich ausgehen können. So was Idiotisches!« Der Polizist wandte sich ab, und kurze Zeit später hatten sich alle wieder beruhigt. Sie saßen mit ihren gefüllten Salattellern an den Tischen und warteten auf die ersten Steaks und Frikadellen, die schon bald auf dem Kugelgrill von o-vier brutzelten.

»Morgen zieht der bei uns aus«, sagte Otto zu seiner Mutter. Brigitte antwortete nicht darauf. Holger war vor ein paar Wochen in Brigittes und Ottos Wohnung eingezogen und hatte sich mit all seinem Krempel breit gemacht. Ein paar Kartons standen sogar in Ottos Zimmer vor seinem Schreibtisch.

Holger spielte sich ständig wie ein Vater auf. Dabei kommandierte er nur herum und ließ sich von Brigitte bedienen. Außerdem drängte er Otto schon länger, ein Praktikum in seiner Centy-Filiale zu machen. Natürlich unbezahlt. Holger behauptete, Otto hätte damit eine Riesenchance auf eine blühende, steile Karriere bei Centy. Dabei brauchte er nur Arbeitskräfte, die sein dreckiges Lager in Schuss hielten. Otto hasste Holger.

Tivaros Vater und Lars Petersen schilderten während des Essens den Überfall am Frankfurter Flughafen in größtmöglicher Ausführlichkeit, und Roland lobte immer wieder Lars Petersen, weil er ihm bei dem Überfall geholfen hatte. Sabrina war von Lars Petersens Heldenhaftigkeit schwer beeindruckt.

Doch seltsamerweise bestritt Lars Petersen dies jedesmal und wies Rolands Lob bescheiden zurück. Die Jungen von o-vier sahen sich fragend an, ließen sich aber nichts anmerken.

Auch Nicos Vater, Oberkommissar Nowak, konnte interessante Details hinzufügen: »Man hat in der Nähe des Tatorts zwei gelbe Overalls gefunden.«

»Und gibt es erste Hinweise auf die Täter? Solche Overalls kann man doch sicher irgendeiner Firma zuordnen«, fragte Tivaro interessiert.

»Noch sind die Kleidungsstücke in der KTU, und das dauert. Schwierige Faser wegen der Fingerabdrücke kann ich nur sagen«, entgegnete Nicos Vater.

Nachdem die meisten schon ihren zweiten oder dritten Teller geleert hatten, bestanden die Mädchen auf eine kleine Tanzparty vor dem anstehenden Länderspiel. Um neun sollte Anpfiff sein. Deutschland gegen die Niederlande. Ein echter Klassiker und das schon in der Vorrunde. Die Männer wollten natürlich lieber das Vor-Programm der WM-Übertragung sehen.

Aber kurze Zeit später war die Party bereits im vollem Gange. Und sogar die sonst so stillen Wangs tanzten ausgelassen im eigenen Gangnam-Wang-Style zu Nicos Party Mix, der als Dj schon jetzt auf einer improvisierten Bühne stand und alle Hand voll zu tun hatte. Nico war nämlich auch für die Spielübertragung und die Verbindung zu Tontechnik und Beamer zuständig. Er hatte alles miteinander verbunden und steuerte nun auch die Musik über sein Laptop.

Der Rest der Gang hatte wieder den Grill übernommen und machte hin und wieder einen Tanz mit. Eine halbe Stunde vor dem Spiel wurden Sie von den Wangs abgelöst, die sich auf den gegrillten norwegischen Lachs freuten. Lars Petersen stand daneben und beriet die beiden Chinesen freundlich.

Tivaro gab Nico ein Zeichen: Lagebesprechung im Hauptquartier. Nico ließ die Party-Musik über eine Playlist weiter laufen und verließ vor allem unter Protest von Sabrinas weiblichen Geburtstagsgästen die Bühne.

Die Jungen verschwanden zwischen den Bäumen und kletterten in ihr Baumhaus. Keiner von ihnen ahnte, dass auch Sabrina sich von ihrer Gruppe gelöst hatte und der Gang unbemerkt gefolgt war. Sie war leise die Strickleiter hinaufgeklettert, nachdem der letzte der Gang das Baumhaus betreten hatte und verharrte nun unter der Luke, um die Jungen zu belauschen.

Tivaro, Otto, Nico und Jojo hatten sich an den Tisch gesetzt, und Otto hatte als Schriftführer bereits Stift und Block zurecht gelegt, um die Besprechung der Detektive zu protokollieren.

»Endlich sind wir ungestört«, begann Nico, der nun darauf brannte, seine Neuigkeiten loszuwerden. »Tivaro und ich haben uns ja schon gestern über den Fall unterhalten.«

Tivaro berichtete in knappen Sätzen von den Vorgängen am Frankfurter Flughafen, und dass man seinen Vater möglicherweise Kokain untergejubelt hatte. Es wurde beschlossen, Lars

Petersen nicht weiter als Zeugen zu vernehmen, weil er und Tivaros Vater Roland bereits alle Einzelheiten während des Essens mitgeteilt hatten.

Dann erzählte Nico von der Begegnung mit Tom und Max und ihrem Spielchen. Er malte seinen Bericht besonders farbenfroh aus und ließ sich sehr viel Zeit, bis er endlich auf den Punkt kam. Zum krönenden Abschluss kramte er dann das Drogentütchen aus seiner Hosentasche und präsentierte es den anderen:

»Am Ende hat Max mir das hier angeboten.«, sagte Nico.

»Rauschgift!«, kam es sofort von jojo. »Ist das Crack oder Crystal?«

»Oder Heroin?«, fragte Otto.

Das Tütchen machte die Runde durch die Hände der Detektive und landete zuletzt bei Tivaro.

»Was meinst du, Tivaro. Ist das echtes Gras?«, wollte Nico wissen.

Tivaro hatte sich gelassen zurückgelehnt und öffnete betont gelangweilt das Tütchen und hielt es sich unter die Nase.

»Dafür brauchen wir keine besonderen Tests«, stellte er fest. Dann nickte er bestätigend: »Den Duft von Weed erkenne ich auch so.«

»Und woher weißt du, dass das Gras ist?«, fragte Jojo.

»Tja, mit Rauschgift kenne ich mich eben aus. Das ist eben der typische Geruch von Gras«, gab Tivaro an. »Ich hatte schon gedacht, du hättest das selbst gepflückt.«

Tivaros Schwester Sabrina hatte bis hierhin alles mitgehört. Doch als sie das Wort Rauschgift vernahm, hatte sie genug.

Entsetzt stieg sie die Strickleiter herab und überlegte. Ihr Bruder hatte mit gefährlichen Drogen zu tun. Woher kannte er sich überhaupt damit aus? Was sollte sie tun? An wen konnte sie sich wenden? Roland oder Elise schieden schon als Eltern aus, und an Nicos Vater konnte sie wohl kaum herantreten, denn damit wäre sie der Gang von o-vier in den Rücken gefallen. Sie schlenderte unentschlossen zu ihren Freundinnen zurück.

Indessen hatte die Sitzung der Detektiv-Gang ihr Ende erreicht. Tivaro lehnte es ab, die Sache mit Tom und Max weiter zu verfolgen.

»Was hat dein albernes Tütchen schon mit unserem Fall zu tun? Das ist doch gar kein Beweis für irgend etwas.«

»Wieso nicht. Deinem Vater wollten sie doch für Drogenschmuggel benutzen.»

»Aber nicht wegen Gras. Und deswegen werden wir zum Beispiel am Flughafen ermitteln und nicht auf dem Bolzplatz.« Tivaros Stimme klang etwas scharf.

»Du bist ja ganz schön arrogant, Tivaro. Ich liefere hier eindeutige Beweise für Rauschgifthandel und du tust einfach alles ab, als wäre das nichts. Was hast du denn schon in der Hand?«

»Wir kümmern uns erst um den Überfall auf meinen Vater«, sagte Tivaro bestimmend.

Nico fühlte sich übergangen, und er beschloss, nun seinen letzten Trumpf aus dem Ärmel zu ziehen.

»Ich glaube aber, dass alles zusammenhängt, denn Max hat mir auch noch was anderes angeboten.«

»Was denn?«, fragte Tivaro neugierig.

»Was genau weiß ich auch nicht, aber er sprach von einer neuen Lieferung.«

»Okay, wir nehmen das auf«, entschied Tivaro.

Otto machte eifrig Notizen. Dann stand er auf. »Ich müsste mal pinkeln«, sagte er. »Gut, dass Elise das Klo, das Albert Polochski, dieser besoffene Bankräuber, neulich zertrümmert hat, inzwischen wieder ersetzt hat.«

Otto klappte sein Notizbuch zu und steckte seinen Stift ein. »Ich denke, ich habe alles protokolliert.« Dann wandte er sich zum Gehen.

»Du kannst ruhig schon losgehen. Wir kommen auch gleich zum Spiel«, sagte Tivaro.

Otto kletterte nach unten und ging dann zum Gartenhaus, um sich etwas zu trinken zu holen. Er wollte gerade eintreten, als er durch das verschlossene Fenster von draußen eine seltsame Beobachtung machte: Drinnen in der Stube standen der lange Lars Petersen und Sabrina. Sabrina stand mit dem Rücken zum Fenster und blickte zu Lars Petersen auf. Und der redete in sehr eindringlicher Weise auf Sabrina ein und gestikulierte bestimmend mit den Händen.

Otto hatte ein mulmiges Gefühl. Ihm war dieser Lars Petersen plötzlich gar nicht mehr geheuer. Was wollte der von Sabrina?

Als Otto eintrat, brach Lars Petersen abrupt ab und Otto registrierte, dass der Norweger kaum merklich zusammengezuckt war. Doch Otto ließ sich nichts anmerken und nahm sich eine eiskalte Limonade mit Strohhalm. »Hi, Sabrina. Das Spiel geht gleich los. Die andern kommen auch. Du kannst gern bei uns sitzen.«

Sabrina nickte nur, und Otto verließ das Gartenhaus wieder. Draußen kamen ihm auch Tivaro, Nico und Jojo entgegen. »Geil, dass wir ein eigenes Public Viewing machen«, freute sich Otto.

Die beiden großen Lautsprecher gaben eine beeindruckende Stadionatmosphäre wieder.

»Das hat dein Holger anscheinend ganz gut hingekriegt«, sagte Nico zu Otto und grinste ihn an.

»Das ist nicht mein Holger!«, sagte Otto heute schon zum dritten Mal, und alle lachten.

»Sabrina kommt auch mit auf unsere Bank«, meldete Otto. Er wollte Sabrina unbedingt dabei haben, um sie über ihr Gespräch mit Lars Petersen zu befragen.

»Die soll doch bei ihren Mädels sitzen«, protestierte Tivaro. »Die hat doch von Fußball soviel Ahnung wie ein Hahn vom Eierlegen.«

Deutschland gegen die Niederlande. Das war echt wie live Kino. Und an Popcorn fehlte es auch nicht.

Die Gäste hatten inzwischen die Bänke in zwei Reihen vor der Leinwand aufgestellt. Lars Petersen hatte sich überraschend früh verabschiedet. Er erklärte, er habe einen dringenden geschäftlichen Anruf erhalten.

Holger saß allein auf der ersten Bank vor all den anderen, rutschte auf seinem Platz unruhig hin und her und wollte niemanden neben sich sitzen lassen. Dabei schwenkte er patriotisch seine Fahne, die auf einer langen Stange vor der Leinwand flatterte.

»Fahne runter!«, riefen die Gäste hinter Holger immer wieder, doch er blieb davon gänzlich unbedruckt.

Holger nervte. Bei jeder noch so kleinen Chance der Nationalmannschaft setzte er laut und viel zu früh zum Torschrei an.

Bis zum Ende der ersten Halbzeit waren die meisten Gäste schon kaum noch am Spielgeschehen interessiert. Ständig mussten sie ihre Köpfe verrenken oder aufstehen, um das Spiel sehen zu können. Außerdem verdeckte die Fahne nicht nur die Leinwand, sondern auch den Beamer.

Während der Halbzeit unterhielten sich die Jungen über das Spiel und lästerten über Holger.

»Was hast du eigentlich vorhin mit diesem Lars Petersen besprochen?«, fragte Otto Sabrina plötzlich.

Tivaro, Nico und Jojo horchten auf.

»Ich? Was soll ich denn besprochen haben?«, fragte Sabrina erstaunt.

»Ich habe doch durch das Fenster gesehen, wie er auf dich eingeredet hat«, sagte Otto bestimmt.

»Wieso guckst du Sabrina nach? Bist du ein Spanner oder was?« fragte Nico amüsiert.

»Wieso sagt ihr immer dieser Lars? Der Herr Petersen ist doch echt ein sehr netter Kerl. Ein richtiger Gentlemen«, verteidigte Sabrina ihn.

»Habt ihr nun miteinander geredet oder nicht?«, wollte nun auch Tivaro wissen. »Hat er noch was wichtiges zu dem Überfall gesagt?«

»Nö, nichts. Nur Hallo und so«, erwiderte Sabrina und wurde leicht rot.

»Doch», rief Otto aufgebracht. »Ich habe es genau gesehen. Sag schon was, Sabrina!«, forderte er.

Doch Sabrina blieb stur. »Wir haben nichts beredet«, sagte sie trotzig. Und dabei blieb es. Für den Rest des Abends hüllte sie sich in Schweigen, und keiner der anderen Detektive war wirklich von Ottos Darstellung überzeugt.

»Jetzt suchst du auch schon nach irgendwelchen Verdächtigen. Lars Petersen ist für uns erst einmal nur ein Zeuge.«, sagte Tivaro. »Hier müssen wir ansetzen. Das sagt mir mein kriminalistisches Gespür.«

»Ich verlasse mich lieber auf meinen Instinkt«, konterte Nico.

»Leute, lasst uns doch lieber wieder über Fußball reden«, versuchte Jojo die entstandene Spannung zu entladen.

»Oder noch was essen«, schlug Otto vor.

Die Jungen mischten sich unter die Gäste, die sich am kalten Büffet bedienten. Dann begann das Spiel wieder.

Während der zweiten Halbzeit saß Holger brav neben Brigitte. Ottos Mutter hatte ihm in der Pause anscheinend eine klare Ansage gemacht, denn die Fahne lag jetzt unberührt unter der Bank.

Bis zur 90. Minute war noch kein Tor gefallen. Die Deutschen starteten gerade ihren letzten Angriff.

Jojo stieß Nico leicht mit der Schulter an. »Jetzt passiert's. Das wird das Ding«, meinte er.

Als der entscheidende Pass in den Strafraum erfolgte, sprang Holger plötzlich auf und riss die Arme jubelnd in die Luft. »Tooooooor.«, schrie er. Das Bild flackerte noch kurz wild hin und her, und dann landete der Beamer mit Scheppern und Klirren auf der Erde.

»Du Pfeife!«, schimpfte Nicos Vater von hinten.

»Nicht einmal kannst du dich zusammenreißen«, schluchzte Brigitte. »Hau doch ab, Holger!«

Das Spiel endete in einem Desaster und niemand wusste, wie es ausgegangen war.

Schock in der Nacht

Die Wangs waren die ersten, die entnervt die Party verließen. Sie nahmen Jojo gleich mit. Nico blieb noch mit seinem Vater, um bei den Aufräumarbeiten zu helfen. Holger dagegen machte sich schnell aus dem Staub und nahm Brigitte mit. Otto war froh, dass er auch diese Nacht bei den Kirchners verbringen durfte.

Gegen halb zwölf wurde es dunkel, und Tivaro, Otto und Sabrina wollten früher als der Rest nach Hause. Tivaros Eltern Elise und Roland wollten später noch zu einer After-Game-Party in die City fahren.

»Jetzt wo Roland endlich wieder hier ist, haben wir beide auch mal ein paar Stunden nur für uns verdient«, meinte Elise. »Vor drei sind wir jedenfalls nicht zurück.«

»Darf der Otto heute bei mir übernachten?«, erkundigte sich Sabrina bei ihrer Mutter.

»Du meinst bei dir im Bett?«, stichelte Tivaro, um Elises Alarmglocken läuten zu lassen.

»Otto schläft wie gestern im Gästezimmer«, entschied Elise.

»Aber wir wollen doch noch Filme gucken. Da kann er doch wohl in mein Zimmer, oder?«, fragte Sabrina und zog einen Schmollmund.

»Ja, natürlich«, antwortete Elise.

»Auch auf mein Bett?«, fragte Sabrina weiter.

»Sag ich doch«, stellte Tivaro fest.

»Doch nur zum Filme gucken. Danach kann Otto ja im Sessel sitzen«, erklärte Sabrina.

Elise gab nach. »Das ist aber eine absolute Ausnahme. Solange ihr nur Filme schaut, habe ich nichts dagegen.«

»Super!«, jubelte Sabrina und sah Otto freudig an, der die ganze Zeit nur geschwiegen hatte.

»Holger ist so ein Arsch.«, meinte Otto nur, der am liebsten für immer bei den Kirchners übernachtet hätte.

»Lasst uns gehen«, drängte Tivaro. Sie nahmen ihre beiden Räder und schoben sie auf dem Rückweg, weil Sabrina zu Fuß lief.

»Hast du Bock, das Spiel auf FIFA nach zu zocken?«, fragte Tivaro seinen Freund Otto.

»Ja, geil! Gleiche Aufstellung?« Ottos Gute-Laune-Gesicht kehrte schnell zurück.

»Klar, wenn du willst«, bot Tivaro an.

Sabrina schien allerdings alles andere als begeistert. Sie wollte so schnell wie möglich mit Otto Filme schauen. Ihr waren gleich zwei schöne Kinofilme eingefallen, die sie sehen wollte.

»Was wollen wir überhaupt gucken«, fragte Otto.

»Ich habe zum Beispiel Cinderella oder Kiss & Dance, ...« begann Sabrina und zeigte ein besonders entzückendes Lächeln.

»Liebesschnulzen!«, urteilte Tivaro verächtlich.

»Das sind keine Liebesschnulzen. Das sind Romantik-Filme, und die sind auch was für Jungs«, fand Sabrina. »Ich habe auch noch Titanic«, fiel ihr dann ein.

Tivaro stöhnte: »Ich sag's doch. Der totale Schrott. Mann, Otto, lass uns FIFA zocken!«

Otto zögerte nicht lange. »Alles klar«, sagte er freudig, doch Sabrina verlangte: »Wir gucken erst einen Film!«

»Den neuen Transformers hast du ja bestimmt nicht. Aber vielleicht irgendwas mit Zombies?«, fragte Otto vorsichtig.

»Ist Braindead nicht so einer?«, überlegte Sabrina.

»Ja, kann schon sein», sagte Otto hoffnungsvoll.

»Den habe ich aber nicht. Ich habe nur Cinderella, Kiss & Dance und ...«

»Alles klar, einigen wir uns auf eine Film- und Fußball-Nacht,« schlug Otto vor.

»Ja, genau. Also abwechselnd FIFA, dann Film, dann wieder FIFA und so weiter bis zum Morgengrauen», sagte Tivaro.

»Erst Film!«, forderte Sabrina.

»Erst sagst du uns, was Lars Petersen von dir wollte«, sagte Tivaro unvermutet.

Sabrina druckste herum.

»Ja, los sag's uns jetzt endlich!«, verlangte auch Otto.

»Okay, ich sag's Euch«, gab Sabrina schließlich nach. »Herr Petersen wollte heute Nacht nach dem Spiel bei uns übernachten.«

»Aha!«, kam es von Tivaro und Otto erstaunt wie aus einem Mund.

»Ich hab' ihm natürlich gesagt, dass das nicht geht, weil Otto schon bei mir übernachtet und wir nur ein Gästezimmer haben«, erklärte Sabrina.

»Aha«, sagte Otto erfreut.

»Und das hat er akzeptiert?«, fragte Tivaro.

»Ja, der kommt heute nicht«, antwortete Sabrina.

»Na, gut«, freute sich Otto erleichtert. Er hatte keine Lust, sein Zimmer mit Lars Petersen zu teilen.

»Also erst Film!«, forderte Sabrina jetzt erneut.

Tivaro nickte, und darauf einigten sie sich.

»Sie waren an einer hellerleuchteten Tankstelle angekommen, die um diese Zeit noch geöffnet hatte. Es war eine der größeren Tankstellen, die rund um die Uhr auch noch Snacks, Eiscreme und Getränke verkauften.

Tivaro erinnerte sich. »Weißt du noch, hier hat's den Kakerlaken-Kalle erwischt, als er vor Miss Körner flüchtete.« Otto und Tivaro lachten. Auch Sabrina kannte die Story von einem der beiden Bankräuber, dessen Flucht hier an dieser Tankstelle endete.

»Wir holen uns noch Chips und so«, empfahl Otto.

Sie betraten den Shop und wurden schnell fündig. Die Jungen entschieden sich für Stapel-Chips. Sabrina fand Apfelringe und suchte noch nach Bio-Chips ohne Paprika.

»Bei uns muss Chili drin sein und so'n Zeug«, fand Tivaro.

»Oder Käse oder Zwiebeln, egal«, ergänzte Otto.

»Das ist doch alles total ungesund. Da sind Glutamate drin«, wusste Sabrina.

Tivaro und Otto taten sehr beeindruckt. Sie gingen an die Kasse und zahlten.

»Man braucht natürliche Sachen ohne viel Salz und Öl«, fuhr Sabrina draußen fort.

»Damit es dann so schmeckt wie Holz«, gab Tivaro zurück.

Als sie bei den Kirchners ankamen, hockte Tivaro sich oben in seinem Zimmer gleich vor die Playstation. »In zwei Stunden sehen wir uns wieder«, sagte er noch zu Otto, als er die Treppe hinaufstieg.

Sabrina führte Otto in ihr Zimmer im Erdgeschoss des Einfamilienhauses. Daneben lag auch das Gästezimmer der Kirchners, in dem Otto später schlafen sollte.

Draußen war es dunkel und Sabrina machte Licht. In Sabrinas Zimmer hatte sich die Tageshitze angestaut und sie öffnete ihr Fenster, das zum Garten des Hauses zeigte.

»Mach das Licht aus, Sabrina«, sagte Otto und setzte sich auf Sabrinas Bettkante. Gegenüber stand der Fernseher auf einem Sideboard.

»Nicht so schnell, Otto. Ich will noch nicht schlafen«, lachte Sabrina.

»Ist wegen der Mücken. Wenn das Fenster offen ist, dann kommen hier tausend Viecher rein. Ich hasse die.« Otto versuchte gar nicht erst, seine Abscheu vor stechenden, saugenden Insekten zu verbergen.

»Es ist aber so heiß«, stöhnte Sabrina. Dann zog sie ihr Sommerjäckchen aus. Bis auf ihr Bikini-Oberteil trug sie nur noch einen Rock.

»Dann mach das Licht aus«, verlangte Otto erneut.

»Willst du mich nicht sehen? Hast du etwa auch Angst vor Mädchen?«, neckte Sabrina.

»Natürlich nicht«, entgegnete Otto. Dann griff er schnell nach ihrer Hand und zog sie neben sich auf das Bett. Er legte sanft seinen Arm um ihre Schulter und küsste sie. »Los, mach jetzt das Licht aus, bevor uns irgend jemand sieht«, flüsterte sie.

»Okay, wir suchen nur noch schnell unseren Film.« Sabrinas Herz pochte vorfreudig. Sie holte ein paar Kissen und drappierte sie auf ihrem Bett zu einer gemütlichen Kuschelecke. Otto hatte zwei Büchsen Cola geöffnet und beide genossen das kalte Getränk. Dann küssten sie sich wieder und machten sich anschließend über Sabrinas DVD-Sammlung her.

Zu Ottos Enttäuschung stammten die meisten Filme noch aus Sabrinas Kindergartenzeit.

»Arielle, die Meerjungfrau war mal mein Lieblingsfilm«, verkündete Sabrina.

»Echt?«, gab Otto etwas desinteressiert zurück. Er zog die einzige Scheibe, die nicht irgendetwas Rosafarbenes auf ihrem Cover zeigte, aus dem Kasten. »Silvernight«, las Otto vor.

»Scheiße, den hat Saskia hier mal vergessen«, fiel Sabrina ein.

»Was ist'n das für einer?«, fragte Otto.

»Das ist so ein Vampir-Horrorfilm. Sowas würde ich mir nie alleine angucken. Außer mit dir«, fügte sie hinzu und sah Otto mit strahlenden Augen an.

»Besser als nichts«, gab Otto zufrieden zurück. Dann holte er noch die mitgebrachten Snacks mit ins Bett, und Sabrina löschte das Licht.

Während des Films kuschelten sie miteinander.

Der Film gefiel beiden, und als er zu Ende war, zog sich Sabrina wieder ihr Jäckchen an. Es war zwei Uhr geworden, und draußen hatte der Wind etwas aufgefrischt.

»Mama und Papa kommen frühestens um drei. Bis dahin kannst du ja mit Tivaro zocken«, sagte Sabrina.

Sie einigten sich beim nächsten Film auf Titanic, und Otto verließ vergnügt Sabrinas Zimmer.

Tivaro erwartete seinen Freund bereits. »Komm, mach's dir bequem.«

Otto setzte sich neben Tivaro auf einen Drehstuhl und nahm sich einen der beiden Game-Controller.

»Na, was geht?«, fragte Tivaro.

»Alles easy«, gab Otto lässig zurück.

»Nein, ich meine, was da lief bei euch?«, wollte Tivaro wissen.

Otto grinste etwas verlegen. »Na, was halt so läuft. Komm, lass uns mal loslegen.«

Sie spielten erst das Spiel Deutschland-Niederlande in der gleichen Aufstellung wie am Abend und drehten den Ton wegen der guten Musik auf, um ordentlich Stimmung zu machen.

Plötzlich klingelte das Telefon.

»Willst du nicht ran gehen?«, rief Otto durch den Lärm, nachdem Tivaro keine Anstalten machte, sich zu bewegen.

»Nee, lass mal. Ist eh nur für meine Eltern«, entgegnete Tivaro und drückte den Anruf einfach weg.

Tivaro hatte Deutschland übernommen und wollte sich nicht aus dem Spiel bringen lassen. Er gewann 5:2 gegen Otto durch Elfmeterschießen. Danach tauschten sie die Rollen, und Tivaro übernahm die Niederlande.

Sie spielten schon die zweite Halbzeit, und Otto ließ gerade Özil zu Khedira flanken, als plötzlich das Licht aus ging und die Musik verstummte. Das Stadion verschwand im Dunkel des Monitors, und das ganze Zimmer war in düstere Nacht getaucht. Die Jungen waren ziemlich verdutzt, und es dauerte ein paar Sekunden, bis ihre Augen wieder einigermaßen sehen konnten.

»Was geht denn jetzt ab?«, fragte Otto.

»Keine Ahnung.«, meinte Tivaro etwas ratlos. »Vielleicht ist überall Stromausfall.«

»Zu laut war's hier ja wohl nicht«, fand Otto. »Vielleicht ein Kurzschluss?«

Tivaro beschlich ein Verdacht. »Moment Mal! Der Sicherungskasten! Der ist unten. Vielleicht hat uns ja Sabrina den Saft abgestellt. Diese Ziege!«

»Sehen wir nach«, bot Otto an.

Sie erhoben sich von ihren Stühlen und tappten vorsichtig durch das dunkle Zimmer.

Plötzlich klingelte das Telefon wieder, und die beiden Freunde erschraken.

»Wir lassen es klingeln«, entschied Tivaro leise.

»Ist gut, aber warum flüsterst du denn?«, gab Otto zurück.

»Keine Ahnung. Aber du flüsterst ja selbst«, stellte Tivaro fest.

Das Telefon klingelte weiter. Sie tasteten sich zur Zimmertür vor und traten dann in den kleinen Korridor hinaus.

»Hast du keine Taschenlampe?«, fragte Otto. »Ich sehe überhaupt nichts.«

In diesem Augenblick ertönten plötzlich markerschütternde, gellende Kinderschreie aus dem Erdgeschoss.

»Sabrina!!«, rief ihr Bruder Tivaro entsetzt. Ihm schlug das Herz bis zum Hals, und seine Beine fingen an zu zittern.

»Komm!», rief er und zerrte an Otto, der genauso geschockt war.

Wieder tönten laute, angstvolle Schreie aus Sabrinas Kinderzimmer. Ihre Stimme überschlug sich, und sie schrie und quietschte wie am Spieß.

Die Jungen hasteten stolpernd die Holztreppe nach unten und stürmten entschlossen auf Sabrinas Zimmer zu. Sabrina hatte aufgehört zu schreien. Tivaro riss die Tür auf und wollte in das Zimmer eindringen. Doch von drinnen wurde er vom Lichtkegel einer hellen Taschenlampe geblendet und scharf ins Visier genommen.

»Aah, wen haben wir denn da?« Irgendwie wirkte die Stimme des Mannes im Hintergrund überrascht.

Nun hatte sich auch Otto neben Tivaro gestellt.

»Keinen Schritt weiter!», herrschte der Einbrecher sie nun mit heiserer Stimme an.

Tivaro bemerkte sofort, dass der Gangster seine Stimme verstellt hatte. Er und Otto standen wie gebannt da.

Doch bei Tivaro löste sich die Lähmung schon binnen einer Sekunde schlagartig. »Sabrina!!«, schrie er wieder, und dann stürzte er sich mit dem Mut der Verzweiflung auf den Gangster, der überrascht zurückwich. Die Hand mit der Taschenlampe fuhr zur Seite und warf für kurze Zeit zuckende Lichtflecken auf die Szene in Sabrinas Zimmer.

Die Jungen stellten schnell fest, dass noch ein weiterer Mann im Zimmer war. Auch er war dunkel gekleidet und wie der andere Einbrecher maskiert. Er beugte sich gerade über Sabrina, die reglos auf dem Boden lag.

Tivaro drängte sich entschlossen zu Sabrina vor und wollte den Eindringling wegschubsen, während sich Otto kurzerhand auf den Kerl mit der Taschenlampe stürzte und ihm kräftig gegen das Schienbein trat. Natürlich wusste Otto, dass er keine Chance gegen den viel kräftigeren Widersacher hatte, aber er trug heute Nacht seine Nikes mit Stollen. Und die taten fürchterlich weh!

Der Maskierte stieß einen lauten Schrei aus, und Otto hätte gerne gesehen, wie er unter seiner Maske rot anlief. Doch das war ihm leider nicht gegönnt, denn das nächste, das Otto sah, waren Sterne. Der Gangster holte weit aus und schlug Otto mit voller Wucht seine Faust ins Gesicht. Der Junge fiel sofort um und blieb liegen.

Tivaro erging es nicht viel besser. Er hatte sich auf den drahtigen Einbrecher bei Sabrina geworfen, doch der drehte sich blitzartig um und hatte Tivaro schnell kampfsportmäßig zu Boden gehebelt. Er saß über ihm und drückte mit dem Knie auf Tivaros Schulter. Der andere Eindringling hatte sich nun genähert und beleuchtete die beiden.

Erst jetzt registrierte Tivaro, dass der Gangster über ihm einen Revolver auf ihn gerichtet hatte. Er wusste, dass ein Revolver eine Trommel hatte. Und er realisierte glühend heiß, dass dies ein echte Waffe war, denn er konnte die Patronen in der Trommel gut erkennen. Es war die erste echte Waffe, die er jemals im Leben gesehen hatte.

Unter der Wollmaske glaubte Tivaro die Haut eines Farbigen zu erkennen. Der Mann roch penetrant nach Aftershafe. Durch einen Mundschlitz blitzten zwei Reihen krummer, weißer Zähne.

»Ganz ruhig bleiben!», zischte der Farbige. Seine helle Stimme hatte etwas sehr Gefährliches im Ton. »Wir wollen nur die Kleine.«

Tivaro fühlte sich wie unter Strom. Sein Adrenalin schoß ihm durch alle Kanäle, und das einzige, was er im Kopf hatte, war seine arme Schwester Sabrina zu retten. Er wog kurz seine Möglichkeiten ab. Ein wenig Judo hatte er schon in der Unterstufe betrieben, auch wenn er längst nicht an Jojos Kampfkünste heranreichte.

Ruckartig riss Tivaro sein linkes Bein nach oben, nahm Schwung und versuchte mit einer Drehung, den anderen zu werfen. Doch der Farbige war viel gewandter und hebelte ihn wieder brutal zu Boden. Keuchend hielt er seinen Revolver an Tivaros Kopf und sagte dann mit schneidender Stimme: »Wir nehmen die Kleine jetzt mit, und wenn du Stress machst oder die Bullen rufst, Alder, dann komme ich wieder, und dann jage ich dir alle sechs Kugeln in den Schädel. Ist das klar?«

Tivaro bekam erst keinen Ton heraus. Seine Kehle war ganz trocken, und er zitterte. »Nehmt doch mich mit. Nur lasst meine Schwester hier«, sagte er dann schwach.

»Ist egal, wer von euch beiden«, sagte der Gangster mit der heiseren Stimme. »Deine Schwester reicht uns schon.«

Otto lag nur einen Meter weiter in der Ecke, hielt sich heulend die blutende Nase und sah hilflos zu, wie der Maskierte Tivaro bedrohte.

»Scheiße, wir müssen hier raus«, raunte der Heisere plötzlich. »Ich höre die Alten kommen.«

Tatsächlich näherte sich draußen ein Fahrzeug dem Haus.

Der Farbige ließ von Tivaro ab und schob sich den Revolver hinten in den Gürtel. Dann packten die beiden Einbrecher Sabrina und begannen sie zum Fenster zu ziehen.

Der Heisere konnte wegen Ottos Tritt nur humpeln. Er hatte sich die Taschenlampe zwischen die Zähne gesteckt, und als sie den Körper des Mädchens hastig aus dem Fenster luden, rutschte sie ihm aus dem Mund, fiel auf den Boden und erlosch. »Scheiße, immer wieder!«, fluchte er.

»Lass liegen und komm«, drängte der Farbige.

Dann stieg auch der Heisere auf die Fensterbrüstung und kletterte ungelenk ins Freie.

Nur Sekunden später heulte ein Motor auf, und ein unbekannter Wagen verschwand in der Finsternis.

Tivaro und Otto waren völlig fertig. Sie robbten aufeinander zu und lagen sich eine Weile tröstend in den Armen.

»Meinst du, Sabrina ist tot?«, fragte Otto ängstlich.

»Quatsch, ich habe gesehen, wie der Farbige ihr ein Tuch vor das Gesicht gehalten hat.«

»Aber sie hat so entsetzlich geschrien«, beharrte Otto.

»Halt's Maul, Otto«, erwiderte Tivaro erregt. »Ich sage dir, sie war nur betäubt.« Er hoffte inständig, dass es so war.

»Deine Eltern waren das vorhin wohl nicht mit dem Auto«, meinte Otto nach einer Weile.

»Nein, die kommen erst nach drei«, sagte Tivaro.

»Lass uns doch erst mal Licht machen.«

Tivaro stand auf, und auch Otto erhob sich mühsam. Sie tasteten sich durch den Flur Richtung Hauseingang, wo Tivaro nach kurzer Zeit den Sicherungskasten fand. Er war geöffnet, und Tivaro fühlte blind nach dem Schalter, den er umlegen musste. Dann ging überall im Haus das Licht wieder an, und aus Tivaros Zimmer klang dumpf und laut der rockige Hintergrund-Sound von Tivaros FIFA-Spiel.

»Was machen wir jetzt? Wollen wir die Polizei rufen?«, fragte Otto. Seine Nase hatte inzwischen aufgehört zu bluten, aber er sah sehr blass aus.

»Du hast doch gehört: Keine Polizei! Mann, ich weiß doch auch nicht weiter«, erwiderte Tivaro hilflos.

»Dann rufen wir deine Eltern an«, schlug Otto vor.

»Okay, und danach Nicos Vater. Der ist nicht so direkt die Polizei.« Tivaro lief die Treppe hoch in sein Zimmer und stellte seine Playstation ab. Dann kam er wieder herunter.

»Was ist das?«, fragte Tivaro und starrte Otto etwas merkwürdig an.

»Was?«, fragte Otto zurück.

»Na, das da«, sagte Tivaro und zeigte auf Ottos Shorts.

Otto blickte an sich herab und bedeckte sich schnell mit den Händen. »Mann, ich habe mich echt angepisst. Ich habe das gar nicht bemerkt«, gestand er und machte ein kümmerliches Gesicht.

»Das kann ich verstehen, wenn man sich in so einer Situation einnässt«, sagte Tivaro väterlich und legte Otto eine Hand auf die Schulter. Ein kleines Grinsen konnte er sich dabei allerdings nicht verkneifen.

Doch Otto wischte Tivaros Hand weg und schnautzte ihn an: »Wehe, du erzählst das jemals irgend jemandem. Vor allem nicht Sabrina, kapiert?«

»Dazu müsste sie erst mal wieder da sein«, entgegnete Tivaro. »Lass uns jetzt in Sabrinas Zimmer gehen und nachsehen, ob wir die Lampe finden.«

Auf dem Weg verschwand Tivaro noch einmal nach oben in sein Zimmer und brachte Otto eine andere Hose mit.

Dann betraten Tivaro und Otto Sabrinas Zimmer. Das Licht brannte wieder und Otto entdeckte die Taschenlampe sofort.

»Nicht anfassen!«, warnte Tivaro. Er hatte Gummi-Handschuhe und eine Plastiktüte mitgebracht. Er zog sich die Handschuhe über und steckte dann die Lampe in den Beutel.

»So ein Modell kenne ich doch«, wunderte sich Otto. »So eine haben wir doch noch von unserem ersten Fall in deiner Beweise-Sammlung.«

»Du meinst Aservaten-Schrank«, verbesserte Tivaro. »Wir haben auch eine von Atze Holowitz aus der Höhle.«

»Wäre ja fast lustig, wenn wir bei jedem Fall eine Taschenlampe einsammeln würden«, sagte Otto. Ihm war aber im Augenblick gar nicht zum Lachen zumute.

Plötzlich durchzuckte Tivaro ein eisiger Schreck. »Weißt du, wer das vielleicht war?«, rief er aufgeregt.

Auch Otto beschlich plötzlich eine Ahnung. »Du meinst, das war ...«

»Polochski!!«, kam es wie aus einem Mund.

»Genau! Und der hat nur seine Stimme verstellt, weil er mich doch auch schon mal entführt hat«, entfuhr es Otto.

»Ich muss unbedingt die Fingerabdrücke von der Taschenlampe aus dem Garten mit dieser hier abgleichen.«

Die beiden Freunde gingen wieder in Tivaros Zimmer zurück, wo er verschiedene Detektiv-Utensilien für seine Untersuchungen aufbewahrte.

»Mann, der sollte doch für Jahre im Knast sitzen«, meinte Tivaro besorgt.

»Vielleicht ist er ja wieder ausgebrochen«, mutmaßte Otto.

»Kann sein, dass er sich rächen will. Irgendwie hat er es auf uns abgesehen«, überlegte Tivaro. »Aber warum nur Sabrina?«

»Vielleicht wollten sie ja erst dich und haben sich dann mit Sabrina begnügt«, vermutete Otto.

»Was passiert hier überhaupt gerade?«, fragte Tivaro nur.

Unter Kollegen

»Ruf jetzt deine Eltern an«, bat Otto ungeduldig.

Tivaro nahm sein Smartphone und wählte Elises Nummer.

»Ja was gibt's?«, meldete sich eine fröhliche Elise. Offenbar war sie in ausgelassener Tanzstimmung.

»Es ist etwas Furchtbares passiert«, berichtete Tivaro. »Zwei Männer sind gerade in unser Haus eingebrochen und haben Sabrina mitgenommen.«

Am anderen Ende der Leitung herrschte erst Funkstille. Dann brach es aus Elise heraus. »Waaaas??«, rief sie verzweifelt. »Sabrina? Das ist nicht wahr, oder?« Elises Stimme bebte.

»Doch«, beteuerte Tivaro. »Und Otto wurde geschlagen und ist jetzt im Gesicht verletzt«, fügte er hinzu.

»Wir nehmen sofort das nächste Taxi«, heulte Elise, und nach einer Weile sagte sie: »Roland sagt, ihr sollt den Notarzt und die Polizei anrufen.«

»Das geht nicht«, wandte Tivaro ein. »Die haben uns verboten, die Polizei einzuschalten. Ich rufe lieber Nicos Vater an.«

»Das ist eine sehr gute Idee, Tivaro. Wir kommen sofort. Ich lege jetzt auf.« Es klickte in der Leitung, und das Gespräch war beendet.

»Brauchst du einen Arzt?«, fragte Tivaro seinen Freund.

Otto befühlte seine Nase. »Ich glaube nicht, dass sie gebrochen ist. Eigentlich brauchte ich nur eine neue Hose.«

»Du kannst ja ganz schön was aushalten«, sagte Tivaro anerkennend.

»Ich will vor allem nicht nach Hause geschickt werden«, sagte Otto. Beide dachten an Holger und lachten.

Dann rief Tivaro Nicos Vater, Oberkommissar Nowak an. Dies schien ihm am Klügsten, weil sie Nicos Vater vertrauen konnten. Die Gang von o-vier hatte die direkte Durchwahl seiner Polizeidienststelle anlässlich ihrer erfolgreichen Zusammenarbeit mit der Polizei bei ihren letzten beiden Fällen erhalten.

Tivaro bemühte sich um einen möglichst sachlichen Bericht: »Bei uns wurde gerade eingebrochen«, begann er und stellte das Handy laut. »Nein, kein Scherz! Dabei wurde Sabrina von zwei maskierten Männern aus ihrem Zimmer entführt. Und Otto wurde verletzt.«

»Ist okay«, kam es vom anderen Ende. »Jetzt keine weiteren Einzelheiten mehr am Telefon! Ich komme gleich mit ein paar Kollegen. Es wird alles ganz unauffällig ablaufen. Ihr unternehmt beide nichts und verlasst das Haus nicht, verstanden?«

Tivaro versprach es, und Nicos Vater legte wieder auf.

»Die kommen jetzt. Ohne Blaulicht und so«, schloss Tivaro.

»Die denken vielleicht, dass die Gangster noch in der Nähe sind«, vermutete Otto.

»Los, wir nehmen jetzt die Fingerabdrücke von der Taschenlampe, ehe sie kommen«, drängte Tivaro.

Die beiden Detektive gingen in Tivaros Zimmer. Tivaro öffnete einen kleinen Schrank und holte Graphitpulver, Kosmetikpinsel und noch ein paar weitere Dinge heraus. Dann zog er sich Gummihandschuhe an und begann mit seiner Arbeit. Nach einer Weile hatte er saubere Abdrücke abgenommen und von jedem noch einen Abzug gemacht.

»So, das war's schon«, verkündete Tivaro nicht ohne Stolz. »Ich denke, der Daumenabdruck genügt.«

Tivaro ging zu seinem Schreibtisch und holte eine Mappe aus einer der Schubladen. Darin hatte er verschiedene Dokumente ihrer detektivischen Arbeit gesammelt, darunter auch Beweisfotos und Fingerabdrücke.

Tivaro und Otto beugten sich über einen Papierbogen, den Tivaro unter die helle Tischlampe gelegt hatte und platzierte den Abzug des Daumenabdrucks neben dem Abdruck auf dem Papierbogen.

»Treffer!«, stellte Otto fest, und Tivaro nickte. Die beiden Abdrücke wiesen an verschiedenen Stellen markante Gemeinsamkeiten auf, sodass für die beiden Detektive schnell kein Zweifel mehr bestand: »Das ist Polochskis fetter Daumen!« triumphierte Tivaro.

»Den ich in meinem Gesicht hatte«, erinnerte sich Otto und verzog schmerzlich seinen Mundwinkel.

Draußen vor dem Haus hörten sie Motorengeräusche.

»Mist!«, rief Tivaro. »Wir müssen die Taschenlampe wieder in Sabrinas Zimmer bringen.«

»Das kann ich machen«, bot Otto an. »Ich lege sie an die gleiche Stelle zurück.«

Er wollte gerade nach der Taschenlampe greifen, als Tivaro ihn zurückhielt. »Mann, zieh dir die Handschuhe an!«, zischte er.

»Alles klar«, antwortete Otto.

»Gut, ich gehe jetzt runter und mache der Polizei die Tür auf, und du verschwindest in Sabrinas Zimmer«, kommandierte Tivaro. »Und dann kommst du wieder raus und tust so, als wärest du auf'm Klo gewesen.«

»Vor einer halben Stunde hätte man mir das sicher geglaubt«, grinste Otto.

Es klingelte. Jeder lief in seine verabredete Richtung und Tivaro öffnete die Haustür. Vor ihm standen drei Männer, die wie Sportler aussahen. Es waren Oberkommissar Nowak und seine beiden Kollegen Schubert und Schmidt vom Streifendienst. Tivaro kannte die beiden. Ihren Wagen hatten die Polizisten einige Häuser weiter abgestellt.

»Hallo Herr Nowak. Kommen Sie herein«, bat Tivaro und öffnete die Tür ein Stück weiter, damit auch der bullige Kollege Schubert eintreten konnte. Sein Kollege Schmidt trug eine große Trainingstasche bei sich. Tivaro vermutete, das sich darin das Material für die Spurensicherung befand.

Otto kam um die Ecke und bemerkte gerade noch rechzeitig, dass er noch die Gummihandschuhe trug. Er zog sie aus und steckte sie schnell in die Hosentasche.

»Hallo, Ihr beiden«, grüßte Oberkommissar Nowak und verschloss die Tür hinter sich. Seine Stimme hatte einen einfühlsamen Klang, und er drückte Tivaro die Hand.

Dann gab er Schubert und Schmidt Anweisungen: »Tivaro Kirchner zeigt euch das Zimmer, dann könnt ihr alle Spuren untersuchen und Fingerabdrücke abnehmen.»

»Das werden aber viele Fingerabdrücke sein, wenn ihr alle da im Zimmer wart«, stöhnte Schubert und sah die beiden Jungen gequält an.

»Ihr könnt nicht erwarten, dass man an einem Tatort immer nur die Spuren des Täters findet. Also Abmarsch!«, befahl Oberkommissar Nowak, der ihr Vorgesetzter war.

Die beiden Beamten nickten diensteifrig, und Tivaro begleitete sie bis zu Sabrinas Zimmer. Dann kehrte er wieder zurück.

Oberkommissar Nowak wandte sich Otto zu. »Lass mal dein Gesicht sehen«, sagte er sanft.

Otto ließ sich von dem Polizisten begutachten.

»Du kannst wohl ganz schön was einstecken?«, meinte Oberkommissar Nowak kameradschaftlich.

»Geht schon«, entgegnete Otto tapfer.

»Habt Ihr gekämpft?«, wollte der Kommissar wissen.

»Sagen wir mal so. Wir haben' s versucht«, sagte Tivaro und versuchte ein Lächeln.

Oberkommissar Nowak blickte auf seine Uhr. »Es ist kurz nach halb vier. Wir gehen am besten ins Wohnzimmer, und dann erzählt ihr mir der Reihe nach, was passiert ist, okay?«

Tivaro und Otto setzten sich auf die Ledercouch, und der Kommissar nahm in einem gemütlichen Ohrensessel Platz.

Die beiden Jungen berichteten aufgeregt in allen Einzelheiten von den Vorgängen, die nach dem Stromausfall geschahen und fielen sich dabei immer wieder gegenseitig ins Wort.

»Langsam, langsam Jungs«, unterbrach Oberkommissar Nowak. »Ihr seid zwar sehr gute Zeugen, weil ihr alles gemeinsam erlebt hat, aber ich kann nichts verstehen, wenn ihr durcheinander redet.«

Die Jungen setzten ihren Bericht fort und beantworteten nun brav nacheinander die Fragen des Kommissars. Nicos Vater interessierte sich vor allem für die Anrufe und die Täterbeschreibung.

»Stopp mal!«, unterbrach der Kommissar plötzlich wieder. »Mir kommt da bei eurer Beschreibung etwas komisch vor. Ich bin ja schon lange Polizist, und ich merke, wenn mir jemand was verschweigt.«

Tivaro und Otto bemühten sich das unschuldigste Gesicht der Welt zu machen und zuckten mit den Achseln.

»Mir ist aufgefallen, dass ihr den einen der beiden Männer sehr gut beschreiben könnt, den anderen aber nicht. Wie kommt das?«

»Zufall?«, meinte Otto scheinheilig.

»Nein, kein Zufall!» Der Kommissar blieb beharrlich. Er sah Otto direkt in die Augen und fragte ihn dann scharf: »Wie kannst du zum Beispiel wissen, dass dein Angreifer eine Narbe über der Stirn hat, wenn er doch eine Wollmaske trug? Na? Raus mit der Sprache!«

Otto schluckte. »Das war Polochski«, gab er kleinlaut zu. Tivaro war enttäuscht. So schnell hatten sie ihren detektivischen Heimvorteil also preisgegeben.

»Also Po-loch-ski», wiederholte der Kommisar gedehnt, und dann seufzte er: »Ich hab's ja gewusst.«

»Was gewusst??« Tivaro wurde hellhörig. Auch Otto wunderte sich.

Nicos Vater lehnte sich zurück. »Tja, Kollegen. Ich mach's mal kurz. Euch kann ich es ja jetzt sagen: Ihr habt Recht. Albert Polochski ist aus Butzbach ausgebrochen und seither im Untergrund abgetaucht. Die Fahndung läuft bundesweit.«

»Und ich war dann die ganze Zeit schon in Gefahr?«, fragte Tivaro und fühlte sich plötzlich gar nicht wohl. »Meinen sie, der wollte mich und nicht Sabrina?«

»Nein, weder dich noch Sabrina«, sagte Nicos Vater und versuchte, möglichst beruhigend zu klingen.

»Aber heute hat er Sabrina entführt«, stellte Tivaro fest.

Der Kommissar verzog etwas missvergnügt sein Gesicht. »Das stimmt allerdings. Aber es bestand zu keiner Zeit ein Anhaltspunkt für eine Entführung«, sagte er dann etwas nervös.

»Na toll!«, rief Tivaro sarkastisch.

»Woher wusstet ihr eigentlich so genau, dass es Polochski war?«, lenkte der Kommissar ab. »Hat der einfach seine Maske oder seinen Hut abgenommen und gesagt: Hallo Halloween? Oder was?«

»Wir haben einen Abgleich gemacht«, sagte Otto zögernd und kassierte dafür von Tivaro den giftigsten Blick seines Lebens.

»Ihr habt einen Waaaas gemacht??« Oberkommissar Nowaks Augen traten bedenklich aus ihren Höhlen. »Wie? Was? Womit? Los, sagt's schnell! Antwortet!«, verlangte der Kommissar.

Die beiden Detektive berichteten vom Abgleich der Daumenabdrücke, die Tivaro von Albert Polochskis Taschenlampe abgenommen hatte. Mit zunehmender Beschreibung bekam das anfangs strenge Gesicht des Oberkommissars langsam wohl wollendere Züge.

»Nicht schlecht, Kollegen«, sagte der Kommissar dann. »Aber wenn ihr eine legale Agentur hättet, wäret ihr eure Lizenzen heute los.«

»Wir sind legal!«, behauptete Tivaro.

»Ja, super legal seid ihr!«, sagte Nicos Vater ironisch. »Beweismittel unterschlagen und Spuren vernichten. Ihr seid eine Gang von Schnüfflern, die sich in unsere Arbeit reinhängt.«

»Unsere Arbeit dient doch auch einem gerechten Zweck. Und dann ist sie doch auch legal, oder?«, fragte Tivaro provozierend.

»Leute, das hier ist kein Kinderspiel«, sagte der Kommissar. »Deine Schwester wurde vorhin entführt, und das ist eine verdammt ernste Sache.«

Eine Funkstimme erklang aus einem kleinen Empfänger in der Brusttasche des Oberkommissars: »Melde, dass die Eltern der Entführten soeben ein Taxi verlassen haben und sich dem Haus nähern.«

Der Kommissar bedankte sich. »Das war der Kollege Schmidt. Der hat das Fenster zur Straße gesichert«, weihte er Tivaro und Otto ein.

Dann hörten sie Schlüsselgeräusche an der Tür. Die Jungen und Nicos Vater waren aufgestanden.

Elise und Roland stürzten aufgeregt in die Wohnung.

»Tivaro, mein Junge!«, rief Roland mit besorgter Stimme und nahm seinen Sohn in den Arm.

Elise war völlig außer sich. Sie schnappte nach Luft und gestikulierte mit den Armen, und alle sahen, dass sie ein Stück Papier in der Hand schwenkte. Dann brach es aus Elise heraus, und schluchzend rief sie: »Das war hinter dem Scheibenwischer an der Windschutzscheibe meines Autos.«

Die Jungen und der Kommissar blickten gespannt auf den Zettel.

»Und das ...«, setzte Elise mit hysterischer Stimme fort, »haben sie an meine Antenne gehängt.«

In ihrer linken Hand hielt Elise ein langes Büschel blonder Haare in die Luft.

Und auf dem Zettel stand in dicken schwarzen Druckbuchstaben:

ERST ZOPF, DANN KOPF!
Wir melden uns wieder.

Tränen rannen über Elises verzweifeltes Gesicht, und Roland legte ihr liebevoll den Arm um die Schulter.

»Was wollen die von unserer Tochter? Was ist hier überhaupt los?« Elise sank auf die Knie und schluchzte: »Wieso meine Sabrina? Mein kleines liebes Mädchen? Wird man ihr etwas antun?«

Der Kommissar beschwor Elise: »Bitte beruhigen Sie sich, Frau Kirchner. Ich versichere Ihnen, dass man Sabrina nichts tun wird.«

»So? Was macht Sie denn da so sicher?«, fragte Elise zweifelnd.

Da betraten die Kollegen Schubert und Schmidt das Wohnzimmer. »Wir sind da drinnen fertig«, verkündete Schmidt. »Gehört diese schwarze Taschenlampe zum Inventar?», fragte er dann in die Runde. In einem Plastikbeutel in seiner Hand baumelte die Lampe.

Die Umstehenden verneinten oder schüttelten den Kopf.

Nicos Vater räusperte sich: »Die können Sie als ordentliches Beweisstück sichern. Sonst noch was Auffälliges?»

»Lauter Chipskrümel und ein bisschen Blut«, kam es von Schubert.

»Oh Gott!«, stöhnte Elise und wollte schon wieder zusammensinken, doch Roland stand ihr stützend zur Seite.

»Ihr wartet draußen im Wagen, klar? Abflug!«, zischte Oberkommissar Nowak, und die zwei Kollegen verließen schnell das Haus.

»Ich schlage vor, Sie machen uns mal Kaffee, Herr Kirchner. Dann machen wir es uns gemütlich und reden ein bisschen.«

Wortlos verschwand Tivaros Vater in der Küche, und Elise setzte sich zu den Jungen auf die Couch, die bereits Platz genommen hatten.

Als Roland mit dem Kaffee zurückkehrte, begann der Oberkommissar: »Also, so wie es aussieht, ist Ihre Tochter Sabrina von Albert Polochski entführt worden.«

Tivaros Eltern waren entsetzt.

»Dieser Po-loch-ski??« Elises Stimme überschlug sich fast. »Hört dieser Terror denn nie auf?«

»Ich habe gedacht, der sitzt«, sagte Roland wütend. »Aber nein, der sitzt nicht, sondern was macht der? Der klaut unsere Tochter! Warum? Was will der?«

»Wir glauben auch, dass Polochski hinter dem Überfall am Flughafen auf Sie steckt«, offenbarte der Kommissar weiter.

Tivaro und Otto waren plötzlich hellwach. Was hatte Nicos Vater da eben gesagt? Polochski ein Großdealer?

»Na, das wird ja immer wunderbarer«, erwiderte Roland säuerlich.

Der Kommissar seufzte wieder. Dann erzählte er knapp von dem misslungenen Polizeieinsatz am Frankfurter Airport. »Innerhalb von zwei Wochen seit Polochskis Ausbruch sind uns schon drei Großdeals durch die Lappen gegangen«, klagte er.

»Die Drogen in Ihrem Rucksack waren für Albert Polochski bestimmt«, sagte er zu Roland gewandt, »doch die hat er scheinbar nicht erhalten. Also glaubt er jetzt, Sie hätten das Kokain immer noch und entführt Ihre Tochter.«

»Wie wollen Sie unsere Tochter denn finden, wenn schon Ihre ganze bisherige Fahndung nichts gebracht hat?«, jammerte Elise.

»Wir haben jetzt eine Ring-Fahndung eingeleitet«, antwortete Nicos Vater. »In Kürze werden hier alle Straßen in der Umgebung kontrolliert oder gesperrt. Und in den nächsten Stunden werden auch verstärkte Polizeikontrollen an den Autobahnzugängen durchgeführt.«

»Aber unsere Tochter kann doch schon längst viel weiter weg sein«, wandte Elise ein.

»Ich glaube eher, dass sich Albert Polochski ganz in der Nähe aufhält«, sagte der Kommissar.

»Und wieso glauben Sie das?«, wollte Tivaro wissen.

»Weil hier im Frankfurter Norden und in anderen Teilen der Stadt in den letzten Wochen der Konsum von harten Drogen wie Kokain und Crystal Meth stark zugenommen hat.«

»Aha!«, kam es von Tivaro und Otto wie aus einem Mund. Beide sahen sich wissend an.

»Was heißt hier aha, aha? Was heckt ihr denn schon wieder aus?«, wollte Nicos Vater wissen.

»Nichts«, wich Tivaro aus.

»Warum geben Sie ihm nicht ein Kilo Kokain von dem beschlagnahmten Rauschgift und verhaften ihn dann bei der Übergabe«, schlug Otto vor.

»Das lass mal meine Sorge sein, Otto. Ich entscheide hier, wann was zu tun ist«, sagte der Kommissar. »Ihr mischt euch jedenfalls nicht in diesen Fall ein. Damit das klar ist: Eure Gang o-vier hält sich diesmal raus, verstanden? Das werde ich auch Nico noch einmal in aller Deutlichkeit sagen.«

»Morgen Abend läuft XY«, fiel Roland plötzlich ein. »Wir könnten doch einen aktuellen Aufruf an Polochski machen. Dafür gibt es doch sicher eine Sendemöglichkeit.«

»Herr Kirchner, wir tun alles Menschenmögliche. Doch erst einmal warten wir die Ergebnisse der KTU ab, danach entscheiden wir dann die weiteren Schritte.«

Damit erhob sich Oberkommissar Nowak von seinem Sessel und verabschiedete sich. »Ich muss jetzt zu meinen Kollegen. Bitte unternehmen Sie nichts Eigenmächtiges und sprechen Sie vorerst mit Niemandem über die Entführung. Ich halte Sie auf dem Laufenden.«

Tivaros Eltern sahen plötzlich sehr erschöpft aus. Draußen wurde es langsam hell, und sie entschieden sich, noch ein paar Stunden zu schlafen. Sie waren einverstanden, das Otto in Tivaros Zimmer auf dessen Aufklappsofa übernachten wollte.

Kaum waren die Jungen in Tivaros Zimmer angekommen, schaltete Tivaro sofort sein Smartphone ein. Er eröffnete eine neue WhatsApp-Gruppe, fügte erst Nico und dann Jojo hinzu, wählte als Name Alarmstufe Rot und machte dahinter noch drei Ausrufezeichen.

Meine Schwester wurde entführt!

schrieb Tivaro nun als Kurznachricht. Das war genug Information. Jetzt war Warten angesagt. Tivaro und Otto legten sich hin und waren bald eingeschlafen.

Getrennte Wege

Tivaro erwachte gegen zehn. Er schubste Otto leicht, um ihn zu wecken. Otto gähnte und betastete sein Gesicht. Der Bereich um seine Nase war geschwollen und schimmerte bläulich.

»Mann, das tut jetzt erst richtig weh«, klagte er.

Tivaro sah ihn mitleidig an. Dann checkte er sein Smartphone. Nico und Jojo hatten schon am frühen Morgen geantwortet und wollten unbedingt eine Lagebesprechung.

»Ich schreibe Nico und Jojo, dass wir uns in einer halben Stunde im Hauptquartier treffen. Lass uns jetzt runtergehen«, sagte Tivaro.

In der Küche stand seine Mutter Elise und trank Tee. Sie wirkte sehr erschöpft. »Guten Morgen, ihr zwei«, sagte sie. »Ich habe Frühstück gemacht.«

Normalerweise freute sich Tivaro auf das Sonntagsfrühstück mit der ganzen Familie. Doch heute hatte er anderes vor.

»Lass mal. Wir essen heute Mittag irgendwo. Wir treffen uns jetzt erst mal mit Nico und Jojo im Garten.«

»Wie Roland nur so lange schlafen kann«, wunderte sich Elise. Sie nippte an ihrer Teetasse. »Ich konnte die ganze Nacht kein Auge zu tun.«

»Hat sich jemand von denen gemeldet?«, fragte Tivaro.

»Nein, und das macht mich auch ganz verrückt. Bis jetzt hat noch niemand angerufen, um irgendwelche Forderungen zu stellen«, entgegnete Elise.

»Ich glaube nicht, dass Polochski hier anruft. Wenn er nicht ganz so blöd ist, rechnet er sicher mit einer Fangschaltung«, entgegnete Tivaro. »Warst du mal am Briefkasten?«

»Nein, noch nicht. Sonntags kommt doch keine Post«, erwiderte Elise.

»Ich sehe mal nach«, sagte Tivaro und verließ die Küche. Otto setzte sich schnell an den Küchentisch und klopfte sich ein Ei auf.

Tivaro kehrte mit einem Zettel in der Hand zurück. »Hier!«, verkündete er. »Das ist der Beweis, dass Nicos Vater Recht hatte.« Tivoro zeigte den Zettel, auf dem in schwarzen, fetten Druckbuchstaben wieder ein Spruch stand:

ERST WEISS WIE SCHNEE,
SONST TOD MIT BLUT
Übergabe heute Abend

Elise vergrub die Hände tief in ihr Gesicht und schluchzte. Sie blickte kurz hoch und sah ihren Sohn an. »Was bedeutet denn das?«

»Wir wissen nun, dass es die Gangster auf das Kokain abgesehen haben. Denn Kokain heißt Schnee in der Szene-Sprache.«

»Und was bedeutet der andere Satz: Sonst tot mit Blut?« Elise liefen heiße Tränen über das Gesicht.

»Sabrina wird nichts passieren. Nicos Vater wird schon alles in die Wege leiten«, versicherte Tivaro. Er fühlte sich selbst sehr unbehaglich. Aber er war davon überzeugt, dass Nicos

Vater alles in seiner Macht Stehende tun würde, um seine Schwester aus der Gewalt der Entführer zu befreien.

»Ich rufe jetzt Kommissar Nowak an«, sagte Elise und griff zum Haustelefon.

»Ja, gute Idee, Mom. Wir gehen jetzt, und wir telefonieren später.«

»Ist gut, Jungs!« Elise lächelte tapfer und wählte die Nummer von Nicos Vater.

Die Jungen verabschiedeten sich, stiegen auf ihre Räder und waren ein paar Minuten später im Garten. Nico und Jojo hatten einen weiteren Weg und waren noch nicht da.

Tivaro und Otto stiegen in das Baumhaus und nahmen ihre gewohnten Plätze ein. Otto packte sein Notizbuch aus und begann zu schreiben.

Tivaro legte lässig seine Beine auf die Bank und beschäftigte sich mit seinem Smartphone.

Nach einer Weile kamen auch Nico und Jojo die Strickleiter zum Baumhaus heraufgeklettert. Sie begrüßten sich alle und setzten sich.

»Ist ja voll krass das mit deiner Schwester«, meinte Jojo.

»Polochski war's«, sagte Otto knapp.

»Und so ein Farbiger«, ergänzte Tivaro.

»Ich weiß, mein Vater hat heute morgen um sechs mit mir über Sabrinas Entführung geredet«, vermeldete Nico. »Und er hat auch gesagt, dass Polochski damals bei seiner Verhaftung geschworen hat, sich an deiner ganzen Familie zu rächen.«

»Indem er meinem Vater Drogen unterjubelt und ihn zusammenschlagen lässt«, sagte Tivaro bitter.

»Genau!«, bestätigte Nico. »Mein Vater glaubt auch, dass Polochski denkt, dein Vater hätte die zwei Kilo Koks behalten und hat deswegen deine Schwester entführt.«

»Das denkt der wirklich«, bestätigte Tivaro und erzählte von dem neuen Drohbrief.

»Dann müssen die zwei Gangster vom Flughafen das Rauschgift für sich behalten haben«, vermutete Jojo.

»Das glaube ich auch«, sagte Nico. »Und dahin werden wir auch die Spur verfolgen, die wir bereits haben.«

»Du meinst das Grastütchen?«, fragte Otto.

»Nein, ich meine Tom und Max. Vielleicht können wir über die beiden in die Szene eintauchen, um an die Hintermänner heranzukommen«, erwiderte Nico.

»Du kannst es nicht sein lassen, was?«, fragte Tivaro. »Ich glaube nicht, dass du ausgerechnet über diesen Max an Polochski heran kommst.«

»Wieso denn nicht?«, widersprach Nico. »Ich denke nämlich, dass Polochski die gleichen Männer, die er zum Flughafen schickt, auch als Großdealer benutzt. Und einer davon ist wohl dieser Lamin.«

»Welcher Lamin?«, fragte Tivaro nach.

»Na, der mit dem anderen Zeugs dealt, also Koks zum Beispiel.« Nico berichtete von der Handynummer, die Max ihm gegeben hatte.

»Okay, okay. Vielleicht hast du Recht, Nico«, lenkte Tivaro ein. Und zu Otto gewandt, sagte er: »Schreib das alles auf, vielleicht können wir die Nummer später mal gebrauchen.«

»Die Nummer werden wir heute noch anrufen«, sagte Nico entschieden. »Oder, Jojo?«

Jojo nickte. Er fand Nicos Idee richtig gut.

»Ich finde, wir sollten erst noch einmal zu Lars Petersen gehen und uns dann auf den Flughafen konzentrieren«, sagte Tivaro.

Otto war dafür: »Das sehe ich auch so. Ich habe hier übrigens eine Liste zu Lars Petersen mit lauter Punkten, die ich verdächtig finde.« Dann las er vor:

- *Er spricht auffällig gut deutsch*

- *Er sagt, er sei beim Überfall geflüchtet, obwohl Tivaros Vater behauptet, er hätte ihn verteidigt*

- *Warum will er bei den Kirchners übernachten, wenn er doch im Hotel wohnt?*

- *Warum redet er mit Sabrina und nicht mit ihren Eltern?*

- *Er bekommt bei einem wichtigen WM-Spiel angeblich einen geschäftlichen Anruf und verschwindet einfach*

»Und deswegen fahren wir heute zum Steigenberger Hotel und statten Lars Petersen einen Besuch ab, um ihn mal ordentlich ran zu nehmen«, sagte Tivaro, und Otto fühlte sich sehr bestätigt.

»Ihr könnt ja gerne allein dahin gehen«, sagte Nico, »aber wir werden heute ein paar Dealer auskundschaften.«

»Ihr wollt also einen Alleingang in diesem Fall?«, fragte Tivaro und sah Nico und Jojo ernst an.

»Wir machen doch gar keinen Alleingang«, meinte Nico. »Und wir arbeiten auch nicht gegeneinander, sondern gehen eben arbeitsteilig vor.«

»Und wir ziehen gemeinsam an einem Strang«, ergänzte Jojo.

»So kann man das natürlich auch sehen«, lenkte Tivaro ein, und fühlte sich plötzlich irgendwie seltsam erleichtert. Was hatte sich da bei o-vier verändert?, überlegte er. Er wusste, dass er Nico nur deshalb als Konkurrenten sah, weil der immer glaubte, alles am besten zu können.

»Früher haben wir immer alles zu viert gemacht«, fiel Otto ein.

»Stimmt schon«, bestätigte Jojo. »Aber wir können uns doch auch aufteilen: Wir mischen die Drogenszene auf, und ihr fahrt nach Bad Homburg zu Lars Petersen.«

»Okay!« Tivaro war einverstanden. »Machen wir es so. Und wir halten stündlich Kontakt über Handy.«

»Okay!«, sagte auch Nico. »Damit ist unser Streit endlich begraben.«

Alles wurde per Handschlag besiegelt, und die Detektive erhoben sich von ihren Plätzen. Dann verabredeten sie sich gegen halb vier im Da Angelo und verließen gemeinsam den Garten, um vorläufig getrennte Wege zu gehen.

Im Steigenberger Hotel

»Jetzt werden wir diesen Lars mal genauer unter die Lupe nehmen. Der war mir in der letzten Zeit zu viel um meinen Vater herum«, fand Tivaro.

»Und um Sabrina«, wusste auch Otto. »Wir knöpfen uns den mal ordentlich vor. Das schaffen wir auch zu zweit.«

»Apropos Knöpfe. Weißt du, was wir jetzt erst einmal machen?», fragte Tivaro seinen Freund, der ihn nichtsahnend ansah. »Wir schmeißen uns in Schale und lassen uns dann zum Steigenberger chauffieren.«

»Au ja!«, frohlockte Otto. »Mal sehen, was die so zu essen haben. Kannst du mir ein paar Klamotten leihen?«

»Klar kann ich. Ich habe noch einen Anzug von der Silberhochzeit bei Elises Schwester. Das war vor zwei Jahren. Der müsste dir passen. Und ich nehme meinen Konfirmationsanzug.«

Sie waren bei Tivaro angekommen und zogen sich schnell um. Dann riefen sie ein Taxi.

Roland hatte inzwischen mit Nicos Vater telefoniert, aber es gab noch keine weiteren Neuigkeiten. Man vermutete, das die Gangster das Haus beobachteten. Möglicherweise würden sie irgendwann einfach an der Tür klingeln und nach dem Kokain fragen, wenn sie sich sicher genug glaubten.

»Nicos Vater ist stinksauer, dass sein Sohn nicht da ist«, sagte Roland zu Tivaro. »Er sagt, er habe ihm Hausarrest erteilt, weil Nico da irgendwelche seltsamen Undercover-Ideen äußerte. Wisst ihr etwas davon?«

»Nö, Nico hat da nichts gesagt. Wir waren vorhin nur im Baumhaus und haben über den Fall geredet.«

»Über den Fall?«, hakte Roland nach.

Tivaro bekam ein etwas peinliches Gefühl. »Na ja, da ist einmal der Überfall auf dich am Flughafen, und Polochski ist so etwas wie die Fortsetzung unseres ersten Falls.«

»Verstehe.« Tivaros Vater nickte. »Wieso habt ihr euch bei dieser Hitze denn eigentlich so fein rausgeputzt?«

»Wir wollen zu Lars Petersen fahren, und ihn noch mal nach Einzelheiten zu dem Überfall auf dich befragen«, erklärte Tivaro.

»Und das könnt ihr besser als die Polizei?«, fragte Roland und lächelte ungläubig.

»Manchmal fällt einem auch später noch etwas Wichtiges ein«, gab Otto zu bedenken. »Außerdem verbinden wir das mit einem Mittagessen.«

»Wenn ihr meint«, sagte Roland. »Dann viel Spaß im Hotel. Und nehmt genug Geld mit. Wie mir Elise erzählte, habt ihr ja inzwischen ein richtig dickes Belohnungskonto.»

»Stimmt.« Tivaro nickte stolz. »Alles selbst verdient.«

»Ihr müsst mir mal in aller Ruhe von euren Fällen erzählen, wenn diese Sache hier erst einmal gut überstanden ist«, sagte Tivaros Vater, und man merkte, wie sehr diese Sache an ihm zehrte. »Hoffentlich geht heute Abend alles gut.«

An der Haustür klingelte es, und alle erschraken ein wenig.

Roland ging an die Tür und öffnete. Es war der Taxifahrer.

Die Jungen stiegen beide hinten ein. »Zum Steigenberger nach Bad Homburg«, sagte Tivaro nur, zückte seine Karte und reichte sie dem Fahrer nach vorne durch.

Die Karte fiel dem Fahrer beinahe aus der Hand. »Oh, VIP!«, staunte er und sah in den Rückspiegel. »Und so jung?«

»Es ist eilig. Wir haben Hunger«, sagte Otto.

Der Fahrer gab ordentlich Gas und fuhr los. Es ging über den Bügel die Homburger Landstraße entlang nach Gonzenheim.

»Wir müssen noch an einem Geldautomaten halten«, fiel Tivaro ein.

Wenig später hielten sie bei einer Bank, und Tivaro stieg aus dem Taxi und holte zweihundert Euro aus einem Geldautomaten. Dann stieg er wieder ein.

Sonntags war auf den Straßen nicht viel los. Sie gelangten auf die Kaiser-Friedrich-Promenade, die direkt am Kurpark verlief, und erreichten das Hotel schon nach wenigen Augenblicken. Die Jungen warteten, bis der Fahrer die Fahrt mit seinem Kartenleser abgerechnet hatte. Dann stiegen sie aus. Ein Trinkgeld gaben die beiden Jungen nicht, denn sie wussten von Jojo, dass Taxifahrer genug verdienten und oft nur herumjammerten.

»Wie Lars Petersen sich so einen Laden leisten kann«, fragte Tivaro nachdenklich. »Mein Vater verdient auch nicht gerade schlecht, aber so große Sprünge kann der nicht machen.«

»Und die arbeiten beide als Kollegen in der selben Firma? Komisch!«, fand auch Otto.

Das Hotel war keine zehn Meter vom Halteplatz entfernt. Die beiden Jungen blickten an dem vierstöckigen Gebäude hoch, das im typischen Stil der alten Villen gehalten war, die die gesamte Homburger Promenade säumten. Das Eckgebäude hatte einen überdachten Seiteneingang, vor dem ein roter Teppich ausgelegt war.

»Sehr einladend. Das ist genau mein Weg!«, fand Otto. Vor dem Eingang stand ein Mann in roter Uniform, steif wie eine Steinfigur. »Sogar mit Portier«, freute sich Otto.

»Das ist der Concierge. Ein Portier sitzt drinnen am Empfang«, verbesserte Tivaro.

Der schon etwas ältere Mann bewegte sich tatsächlich überhaupt nicht. Nur sein Brustkorb füllte sich ab und zu mit Atemluft und hob das rote Jackett, an dem goldene Knöpfe schimmerten.

Der Concierge musterte Tivaro und Otto, ohne seine Miene zu verziehen.

»Guten Tag«, sagten die beiden Jungen und wollten an ihm vorbei gehen.

»Sind Sie Gäste des Hauses?«, fragte der Hoteldiener.

»Wir möchten gerne zu Mittag essen«, antwortete Tivaro höflich.

»Aber sehr gerne, meine Herren«, erwiderte der Mann in Livree freundlich und hielt den beiden Detektiven die Tür auf. »Sie müssen nur geradeaus durch den Empfangsbereich gehen, dann sehen Sie schon Charly's Restaurant. Heute haben wir Sonntags-Brunch bis fünfzehn Uhr. Ich wünsche guten Appetit!«

Mit langsamen Schritten gingen die beiden Jungen an dem Concierge vorbei und betraten das Hotel.

»Mann, hab' ich einen Hunger. Hier kann man bestimmt lecker essen«, meinte Otto.

Sie mussten durch einen großen Saal, in dem sich die Hotelrezeption und eine Lounge befanden. An Marmor war hier nirgends gespart worden.

»Auf welchem Zimmer wohnt jetzt eigentlich dieser Lars?«, wollte Otto wissen.

«Fragen wir doch den Portier«, schlug Tivaro vor. Sie gingen zur Rezeption und fragten nach Lars Petersen.

»Bedaure, aber über unsere Gäste können wir leider keine Auskunft geben«, sagte der Portier.

Tivaro hatte das schon befürchtet. Er überlegte kurz und sagte dann: »Wenn er doch im Haus ist, rufen Sie ihn doch bitte an und sagen ihm, dass Tivaro Kirchner und ein Freund hier unten bei Charly's auf ihn warten.«

Der Portier blieb ungerührt und zuckte mit den Achseln. Da schob ihm Tivaro einen Zwanzig-Euro-Schein zu, und sofort hellte sich das Gesicht des Portiers auf. »Kirchner sagten Sie? Ich werde Herrn Petersen Bescheid sagen, sobald er wieder zurück ist.«

Die beiden Detektive bedankten sich und gingen weiter in Richtung Charly's Restaurant.

»Na also, geht doch«, freute sich Tivaro.

»Das klappt ja wie im Film«, bestätigte Otto. Dann hatten sie das Restaurant erreicht. Drinnen duftete es nach Fischgerichten und Gewürzen. Ein dunkel gekleideter Kellner mit Fliege trat auf sie zu. »Guten Tag. Die Herrschaften haben reserviert?«, erkundigte er sich.

Tivaro und Otto grüßten und schüttelten den Kopf. Der Mann musterte sie kurz. Dann sagte er: »Ein Tisch für zwei Personen. Selbstverständlich, wenn Sie mir bitte folgen wollen. Wir haben um diese Zeit das Mittagsbueffet anzubieten. Aber natürlich können die Herrschaften auch ein Gericht aus unserer Karte bestellen.«

»Ich glaube wir nehmen das Mittagsbüffet.«, entschied Otto. »Da ist die Auswahl größer.«

»Vortreffliche Wahl.«, bestätigte der Kellner. Dabei klappte er seinen Jackett-Ärmel etwas hoch und Otto erkannte, dass er eine goldene Uhr trug.

»Bis um 15:00 Uhr können Sie speisen. Für Extrawünsche stehe ich ihnen jederzeit gerne zur Verfügung.«

»Sehr freundlich«, sagte Tivaro. »Mir können Sie bitte die Karte bringen.«

Tivaro und Otto wurden an einen weißen Holztisch geführt und nahmen auf roten Ledersitzen Platz.

»Man sitzt hier echt wie im Mercedes«, bemerkte Otto. »Hier lässt es sich bequem warten.«

»Ja, wäre cool«, fand auch Tivaro. »wenn man Zeugenbefragungen immer mit einem Geschäftsessen verbinden könnte.«

Der Tisch war bereits gedeckt. Neben weißen Tellern mit blauem Rand lag edles Chromagan-Besteck, und die goldgelben Servieten standen aufrecht gerollt auf der Tischdecke. Und weil der Tisch für zwei gar nicht so klein war, passte sogar noch eine Vase mit Sommerblumen darauf. Tivaro drehte verspielt an einem Weinglas, das vor ihm stand.

»Verzeihen Sie mir bitte, wenn ich Sie darauf hinweisen muss, dass wir ihnen leider keinen Begrüßungs-Sekt ausschenken dürfen«, sagte der Kellner. »Der Verzehr von alkoholischen Getränken ist in unserem Haus leider erst ab 18 Jahren gestattet.«

»Das wissen wir«, sagte Tivaro lächelnd. »Traubensaft geht natürlich auch.«

»Wir haben eine ganze Reihe Säfte anzubieten«, pries der Kellner seine Getränke an. »Ich bringe Ihnen beide Karten.«

Der Kellner entfernte sich, kehrte bald daraufhin mit Speise- und Getränkekarte zurück und verschwand dann wieder.

»Endlich mal ein Kellner, der nicht dauernd bei einem herumsteht«, meinte Tivaro. Dann fiel ihm ein: »Ich war hier mal beim Krimi-Dinner. Die bieten hier nämlich auch Events an«, erzählte er, während sie sich Getränke aussuchten.

»Krimi-Dinner«, wiederholte Otto. »Kenne ich nicht.«

»Mann, dann musst du unbedingt nächstes Mal mitkommen«, schwärmte Tivaro. »Das ist voll cool. Du sitzt da mit hundert Gästen in einem Saal, und eine Theatergruppe führt die ganze Zeit um dich herum ein Musical auf.«

»So was mit Tanzen?« Otto war nicht sehr begeistert.

»Nein, aber es geht immer um einen Mord. Und die Gäste werden auch mit einbezogen.«

»Klingt schon ganz gut«, sagte Otto zögernd.

»Das beste ist aber, dass sich das Ganze zwischen vier oder sechs Gängen leckerem Essen abspielt. Gourmetmäßig sage ich dir!«, warb Tivaro.

»Geil!!« Jetzt war Otto auf einmal blitzschnell überzeugt. »Das ist ja genau das Richtige für uns.«

Otto stand auf und schlenderte um das Büffet herum, das gleich nebenan aufgebaut war. »Lass du dich nur bedienen. Ich bediene mich lieber selbst.« Er schnappte sich eine Olive aus der Salatbar.

»Setz dich wieder hin. Wir trinken erst was«, rief Tivaro ihn zurück.

Als der Kellner zurückkam, bestellten sie sich Mangosaft und eine Holunderblüten-Schorle und begannen, die Speisekarte zu studieren.

»Der Kellner hat echt nicht übertrieben.«, stellte Otto schnell fest. Er war ganz fasziniert von den Spezialitäten des Hotelrestaurants. »Alles was das Herz begehrt.« Dann fand er den Preis für den Sonntags-Brunch. »Brunchen kostet hier 44 Euro. Ist das nicht teuer?«

»Na und? Genießen wir es doch! Wir kommen ja nicht jeden Tag hierher, und manchmal muss man sich eben auch was leisten können«, erwiderte Tivaro, und Otto war schnell zufrieden.

Tivaro war gerade beim Hessen-Menü angelangt und las vor: »Entenbrust rosa gebraten, Karamellisierte Mango, Rinder-Medaillons in Barolosauce und Birnenmousse und Mandeleis …«

Otto stand auf, lief einmal um die Theke des Brunch-Büffets herum und kehrte bald daraufhin wieder zurück.

»Sagtest du Mandeleis? Ich glaube, das Menü nehme ich auch«, sagte Otto. »Diese Woche ist hier wohl Fischwoche. Ich habe nur Krabben, Muscheln und Austern gesehen.«

Auf Meeresfrüchte standen beide nicht, und deshalb bestellten Sie sich ein Hessen-Menü mit vier Gängen und warteten weiter auf Lars Petersen.

Nico und Jojo waren noch einmal zu Nico nach Hause gefahren, weil Nico meinte, sie bräuchten für ihre Ermittlungen noch eine geeignete Detektiv-Ausrüstung.

Als sie bei Nico ankamen, waren dessen Eltern nicht zu Hause. Sein Vater steckte sicher bis zum Hals in Sabrinas Entführungsangelegenheit, und Nico war froh, dass er nicht da war.

Nico holte einen Metallkoffer aus seinem Zimmer.

»Nehmen wir den etwa mit?«, fragte Jojo ungläubig.

»Quatsch. Hier ist alles Mögliche drin.« Nico nahm zwei USB-Sticks aus dem Koffer. »Die Mikrofon-Sticks zum Beispiel. Für alles, was wir mit den Dealern besprechen, nehmen wir diese Mikros.»

»Okay!«, sagte Jojo und steckte sich einen der Sticks in die Tasche.

Dann holte Nico einen dunkelblauen, sehr nobel aussehenden Kugelschreiber aus dem Koffer und zeigte ihn Jojo. »Weißt du, was das ist?«

Jojo verneinte.

»Das ist unsere versteckte Kamera«, strahlte Nico stolz. »Damit können wir alles und jeden aus nächster Nähe filmen. Und das in super Qualität.«

»Echt?« Jojo war wirklich erstaunt. So einen Stift hatte er noch nie gesehen. »Zeig mal!»

Jojo betrachtete den Stift interessiert von allen Seiten. »Hab' ich mir doch gleich gedacht«, sagte er nach einer Weile.

»Was?«, fragte Nico.

»Made in China steht da drauf«, entgegnete Jojo, und beide lachten.

»Du trägst ein Polo-Shirt«, stellte Nico dann fest. »Also steckst du dir die Kamera ins Hemd.« Er zeigte Jojo kurz, wo man die Kamera ein- und ausschalten konnte und befestigte dann den Kugelschreiber mit der Klammer an Jojos Hemd-Tasche.

»Wow, sieht voll unauffällig aus«, fand Nico.

»Ich nehme auch noch die Sonnenbrille«, sagte Jojo und holte eine verspiegelte Sonnenbrille aus dem Koffer und setzte sie sich auf die Nase.

»Gute Idee«, lobte Nico. »Für den Fall, dass die Sonne mal zu stark blendet, wenn wir jemanden beschatten.«

»Nee, weil's cool aussieht«, erwiderte Jojo und grinste.

»Okay, lass uns jetzt gehen«, drängte Nico.

Dann radelten die beiden Detektive wieder los. Ihr Ziel war der kleine Bolzplatz in Nieder-Eschbach.

Gefährlicher Einstieg

Tatsächlich fanden sie Tom und Max wie erwartet auf dem Fußballplatz. Sie kickten sich gerade einen Ball zu, als sie die beiden Detektive auf ihren Rädern entdeckten.

»He, Nico!«, rief Tom. »Du hast ja gar keinen Ball dabei. Willst du was von uns?«

Ehe Nico antworten konnte, hatten die beiden Jungen ihr Spiel unterbrochen. Nico und Jojo waren inzwischen von ihren Rädern abgestiegen und betraten den Platz.

»Warte, ich klär das kurz.« Max schritt auf die beiden Detektive zu. Tom blieb alleine im Tor zurück. »Na, was geht, Alter?«, krächzte Max und baute sich vor den Detektiven auf.

»Du hast gesagt, ihr habt Zeug«, sagte Nico cool.

»Ja und? Wer ist überhaupt das Schlitzauge da?«, fragte Max zurück.

»Das ist Jojo. Der ist sauber«, erklärte Nico kurz.

Max rief seinen Kumpel: »He, Tom! Die beiden fragen nach Stoff.«

Tom kam näher. »Was willst du haben?«, fragte er.

»Habt ihr Koks?«, brachte Nico zögernd hervor.

Tom's Gesicht verfinsterte sich etwas. »Willst du nicht lieber Gras?«, fragte er.

»Lass mal, für Koks bin ich hier zuständig«, mischte sich Max ein. Dann wandte er sich Nico und Jojo zu. »Wie viel braucht ihr?«, fragte er.

»Soviel, dass wir bei euch ins Geschäft einsteigen können«, erwiderte Nico mutig.

Max und Tom waren sichtlich erstaunt. »Wer bist du eigentlich?«, wollte Tom dann von Jojo wissen.

»Ich bin Nicos Freund Jojo. Ich suche nach Crystal«, anwortete er, und Nico ließ sich seine Überraschung nicht anmerken.

»Hier gibt's kein scheiß Crystal!«, fuhr Tom ihn an. »Was ist mit Gras?»

»Gras interessiert mich erst ab 100 Gramm«, wehrte Jojo ab. »Habt ihr kein Crystal?«

»Was willst du denn mit Crystal Meth?«, krähte Max. »Davon kriegt man doch 'ne Matschbirne, Kleiner.«

»Es verkauft sich aber gut«, behauptete Jojo frech.

»Ach so ist das.« Max hatte verstanden. »Du vertickst selber. Keine Ahnung, wo man Crystal her bekommt. Da musst du schon jemand anderen in der Szene fragen.« Er wandte sich wieder Nico zu. »Du willst also bei uns einsteigen. Das kostet dich drei Riesen.«

Nico schluckte. »Was, soviel?«

»Das ist der Preis für hundert Gramm«, erwiderte Max. »Unter hundert Gramm geht bei Lamin nichts. Wenn du weniger willst, musst du bei mir kaufen. Ist aber natürlich teurer.«

»Okay, hundert Gramm.« Nico war einverstanden.

»Wo kriegst du denn dreitausend Euro her?«, fragte Tom ungläubig.

»Geht’s dich was an?«, erwiderte Nico.

Tom wandte sich Max zu und füsterte ihm etwas ins Ohr. Max nickte nur und grinste. Dann zog Tom sein Handy aus der Tasche. »Die Nummer kennst du ja«, sagte er zu Nico.

»Ach die«, sagte Nico nur.

»Ich weiß nicht, ob wir euch trauen sollten«, sagte Tom. »Ich ruf grad mal jemanden an. Der kommt dann vorbei.«

Nico wurde etwas mulmig. Wen wollte Tom da anrufen?

Tom zog sich etwas zurück und sprach dann so leise in sein Smartphone, dass keiner von den anderen etwas hören konnte. Dann steckte er sein Handy wieder in die Tasche.

»War das dieser Lamin?«, fragte Nico.

»Quatsch! Den triffst du nur, wenn dich Mo vorher gesehen hat. Und der kommt gleich hierher«, informierte ihn Tom. »Mo ist meine Gras-Connection.«

Nico nickte. »Und wann bekomme ich das Kokain?«, fragte er Max.

»Abwarten. Erst mal sehen, was Mo sagt«, krächzte Max.

»Lasst uns doch solange kicken, bis Mo kommt«, schlug Tom vor.

Die anderen waren einverstanden. Tom stellte sich daraufhin ins Tor. Erst machten sie Elfmeterschießen, danach spielten sie gegeneinander. Als Jojo gegen Max spielte, lief alles eine Weile gut. Tom schoss den Ball etwa bis zur Spielfeldmitte, und Max und Jojo stürmten beide los.

»Den kriegst du nicht, Schlitzauge«, keuchte Max. Doch Jojo war viel schneller als sein kräftiger Gegner und auch viel eher am Ball. Und als Jojo gerade zum Schuss auf das Tor ausholen wollte, trat Max ihm einfach von hinten in den Rücken. Der kleine Jojo fiel nach vorne, fing seinen Sturz aber mit einer geschickten Rolle ab. Sofort stand er wieder aufrecht und nahm eine Kung Fu-Stellung ein. In Ma Bo-Haltung stand er Max nun breitbeinig gegenüber. »Das war unfair«, sagte Jojo wütend.

»Na und!« Max grinste hämisch und fühlte sich herausgefordert. »Willst du dich mit mir anlegen, Schlitzauge?« Max wirkte bedrohlich und ging mit erhobener Faust auf Jojo zu. Als er an Jojo nahe genug herangekommen war, bekam er Max jedoch am T-Shirt zu fassen und zog ihm mit einem Beinfeger den Boden unter den Füßen weg. Max landete hart im Dreck. Jojo war sofort über ihm und hielt sein Genick mit einem Klammergriff in Position.

»Ist ja gut, Alter! Ich gebe ja schon auf«, keuchte Max, und Jojo lockerte seinen Griff wieder.

Max stand auf und war ziemlich bedient. Er klopfte sich den Staub von der Hose. »Mann, Alter. Du hast ja ganz schön was drauf. Hätte ich dir gar nicht zugetraut«, sagte er anerkennend.

»Brauner Gürtel«, lächelte Jojo und setze seine Spiegelbrille wieder auf.

Vom Spielfeldrand ertönte ein Pfiff. Der Dealer Mo war angekommen. Er stand an den Zaun gelehnt und wirkte sehr drahtig. Mo war ein Farbiger und mochte etwa um die zwanzig sein. Die vier Jungen gingen zu ihm.

»Ihr zwei wollt Koks?«, fragte er und sah Nico und Jojo an.

Nico nickte: »Ja, hundert Gramm, wenn's Recht ist.«

Und Jojo sagte: »Ich will nur Crystal.« Er erkannte auf den ersten Blick, dass der Farbige Kampfsportler war wie er. Das sah er an Mo's Körperhaltung.

Mo verzog angewidert sein Gesicht. »Nee, Mann. Crystal ist hier überhaupt nicht angesagt. Suchst du Gras?«

»Heute nicht«, antwortete Jojo.

Mo wandte sich wieder Nico zu. »Du willst also hundert Gramm. Kannst du drei Tausend besorgen?« Lauernd sah er Nico an.

Nico schluckte. »Na klar. Ist überhaupt kein Problem.«

Mo runzelte die Stirn. Dann sagte er leise zu Max: »Wenn der Deal wirklich klar geht, dann kannst du heute Abend mit dem Neuen auf Tour gehen. Meinst du, man kann denen trauen?«

Max nickte. »Nico ist schon in Ordnung. Und der andere ist auch ganz gut drauf. Jojo sagt, er kauft erst ab hundert Gramm.«

»So so«, meinte Mo und schritt auf Jojo zu. Er schlug die Manchette seines linken Jackenärmels um und präsentierte eine funkelnde Rolex.

Jojo sah auf Mo's Handgelenk. Was für ein Angeber, dachte er. Sieht doch jeder, dass die aus Pakistan oder sonst woher ist.

Mo hielt Jojo seinen Arm hin. »Guck mal hier! Ist 'ne echte Rolex. Geil, was?»

»Die ist gar nicht echt«, meinte Jojo gelassen.

»Pass auf, was du sagst«, zischte Mo. »Natürlich ist die echt. Sowas kann man sich eben leisten, wenn man genug vertickt.«

Jojo sagte nichts. Ihm war nicht danach, sich mit Mo anzulegen.

Mo musterte Jojo und bemerkte dann den Kugelschreiber, der in seiner Hemdtasche steckte.

»Was ist denn das für'n Kugelschreiber in deinem Hemd? Sieht ja edel aus. Du schreibst wohl gern?«, fragte Mo mit einem ironischen Unterton.

Jojo zog den Kamerastift aus seiner Brusttasche, schaltete ihn mit einem Knopfdruck ein und drehte ihn lächelnd langsam vor Mo's Gesicht hin und her. »Das hier ist ein echter Dupont-Kuli«, behauptete er. »Und der ist ganz sicher mehr wert als dein Rolex-Blender.«

»Okay, okay, alles klar, Jungs«, sagte Mo und kam schnell wieder auf das eigentliche Thema zurück. »Es gibt einen Deal. Ihr besorgt die drei Riesen, und wir treffen uns um vier an der alten Post. Dann weiß ich, dass ihr keinen Scheiß erzählt habt.«

»Hast du denn dann auch die hundert Gramm Koks dabei?«, wollte Nico wissen.

»Nee«, erwiderte Mo. »Mit Koks deale ich nicht. Aber ich muss erst mal checken, ob ihr überhaupt das Geld habt, bevor ich euch sagen kann, wo ihr Lamin mit dem Koks findet. So läuft das.«

Die beiden Detektive nickten. »Keine Sorge. Also drei Tausend bis um vier«, bestätigte Nico, und Mo schien zufrieden zu sein.

»Waren die Bullen wieder hier?«, fragte Mo dann Tom und Max.

»Ja, vorhin gegen eins kam mal 'ne Streife vorbeigefahren. Die fahren heute merkwürdig viel hier rum«, sagte Tom. »Jetzt ist aber alles wieder easy.«

Mo holte Zigarettenpapier und ein Grastütchen aus seiner Hose. »Dann mach ich uns zur Feier des Tages jetzt erst mal eine schöne Keule. Passt doch oder?«, fragte er Nico und ließ seine schiefen Zähne blitzen.

»Äh klar, mach mal«, sagte Nico. Dabei hatte er noch nie gekifft. Nicht einmal Zigaretten hatte er je probiert. Nico wusste instinktiv, dass der Farbige die beiden Detektive nur testen wollte, indem er sie zum Drogenrausch einlud. Und in dieser Situation fand er, dass er sich darauf einlassen sollte, weil er darin einen Weg sah, den Argwohn der Dealer zu beseitigen.

»Rauchst du auch?«, fragte Mo Nicos Freund Jojo.

»Nee, ich deale nur damit«, erwiderte Jojo frech.

Mo baute einen Joint und zündete ihn an der verdrehten Papierspitze an. Dann gab er ihn an Tom weiter. Tom zog vorsichtig an dem Joint und schloss dabei die Augen. Nach einer Weile entließ er den Rauch wieder und übergab den Joint an Nico. »Ist das gleiche Kraut wie in der Probe neulich«, sagte er.

»Ah, ja«, sagte Nico und dachte: Jetzt oder nie. Er hielt den Gras-Joint zwischen Daumen und Zeigefinger und nahm einen tiefen Zug. Dann musste er den Rauch inhalieren. Er versuchte, den beißenden Qualm herunterzuschlucken, aber davon musste er sofort schrecklich husten. Er hustete und spuckte, hustete und japste nach Luft. Sowas rauchen die? wunderte er sich und sehnte sich nach einer rasanten Bike-Tour an der frischen Luft.

»Na, haut mächtig rein das Zeug, was?«, grinste Mo.

Doch Nico konnte kaum antworten. »Weiß nicht, ist nicht mein Tag heute,« sagte er und hustete weiter.

»Alter, du Geizhals, gib mal weiter!«, sagte Max ungeduldig und nahm Nico den Joint aus der Hand.

Vom Joint war allerdings nur noch die Filterhülse übrig. »Mann, der hat ja alles voll weg geraucht«, beschwerte Max sich.

»Ist ja gut, ich drehe uns noch eine Tüte«, bot Tom an. Mo reichte ihm ein paar Grasblüten, und kurz darauf machte der nächste Joint die Runde. Jojo enthielt sich und war froh, dass man ihm seine Ausrede abgekauft hatte.

»Guckt euch mal den Nico an«, kicherte Tom, als er den Joint wieder an ihn weitergeben wollte. Doch Nico reagierte gar nicht darauf. Er saß vornüber gebeugt und ließ seinen Kopf nach unten hängen.

»Total breit!«, befand Max. »Los, gib endlich die Keule rüber!«

Jojo hatte sich zu Nico auf die Erde gesetzt und legte besorgt seinen Arm um ihn.

»Geht schon«, sagte Nico leise.

Mo, Tom und Max hockten etwas abseits und machten alberne Witze.

In Nicos Kopf drehte sich alles, und auf einmal fühlte er seine Sinne unglaublich stark. Es war ein Gefühl, wie er es noch nie zuvor in seinem Leben so deutlich gespürt hatte. Nico erinnerte sich daran, wie er das erste Mal Alkohol getrunken hatte. Das war bei einer Familienfeier letztes Jahr in Polen. Aber nur einen kleinen Schluck Wodka hatte seine Oma damals gesagt.

Davon war ihm dann total schlecht geworden. Aber das war gar kein Vergleich. Oder? Nico schloss die Augen und atmete einmal tief durch. Er versuchte sich auf seine Gedanken zu konzentrieren, doch das wollte ihm nicht so recht gelingen, denn sein Denken geriet plötzlich total durcheinander. Er wusste überhaupt nicht mehr, ob er das alles verstand, was gerade passierte. Irgendwie war der Bezug zu seiner Umgebung völlig weg. Dann wurde es ihm plötzlich richtig übel, so als würde irgendetwas gerade seinen Magen umdrehen. Der Boden kam plötzlich näher und war im gleichen Moment wieder weg.

»Nico muss vielleicht gleich kotzen«, sagte Jojo.

»Was raucht der auch das ganze Ding alleine weg«, meckerte Max.

»Lasst uns jetzt hier abhauen«, entschied Mo und erhob sich.

Auch Tom und Max standen auf und zündeten sich Zigaretten an.

»Seht zu, dass ihr um vier da seid«, sagte Mo zu Jojo. »Und denkt an die Kohle. Lamin lässt sich nicht verarschen.«

Die drei Dealer verließen den Bolzplatz durch die Zaunlücke und machten sich zu Fuß auf den Weg zur Stadt.

»Um vier an der alten Post«, rief Mo noch einmal zurück.

»Alles klar, um vier«, bestätigte Jojo. Er wartete, bis sich die Dealer weit genug entfernt hatten. Dann knipste er die Kugelschreiber-Kamera aus und schaltete auch den Mikrofon-Stick in seiner Hose ab. Er hatte den ganzen verabredeten Deal aufgenommen und herrliche Bilder von Mo's Gesicht gemacht. »Los, Nico! Aufstehen!« Jojo stieß seinen Freund an.

»Oh, ich kann jetzt nicht«, sagte Nico schwach. Er hob seinen Kopf, blickte Jojo etwas seltsam mit seinen glasigen, geröteten Augen an und lächelte. »Ich chille gerade.«

»Mann, du bist echt stoned! Wir müssen denen hinterher, verstehst du?«, sagte Jojo aufgeregt.

»Wem hinterher?« Nico schien überhaupt nichts zu verstehen. Ihm war etwas schwindelig.

»Na, Tom und Max und diesem Mo«, antwortete Jojo aufgeregt.

»Nanu, wo sind die denn? Ich habe gar nicht bemerkt, dass die schon weg sind«, meinte Nico.

»Die sind zu Fuß Richtung Alt-Bonames«, sagte Jojo. »Wir brauchen sie nur unauffällig zu verfolgen, um zu sehen, wohin sie gehen.«

»Ich kann aber jetzt nicht Rad fahren.« Nico schüttelte seinen Kopf und rieb sich die Augen.

»Wir können die Bikes ja schieben. Allzu weit können die ja nicht sein. Los, komm jetzt!«, drängte Jojo.

Nico stand etwas wackelig auf und versuchte sich zu orientieren. »Ich weiß gar nicht mehr, wie wir überhaupt hierher gekommen sind«, sagte er verwundert. »Wo sind denn unsere Räder?«

»Da am Zaun«, entgegnete Jojo. »Wenn die den Feldweg nehmen, können die erst ein paar hundert Meter weit sein«, vermutete Jojo.

Nico schulterte seinen Rucksack und stieg auf sein Trecking-Bike.

»Meinst du, du kannst fahren?«, fragte Jojo besorgt.

»Versuchen kann ich es ja mal«, entgegnete Nico und fuhr an. »Meine Füsse fühlen sich so lustig an«, sagte er, als er in die Pedale trat. Er kam tatsächlich ganz gut voran.

»Bis zur Steigung können wir auf jeden Fall durchfahren«, meinte Jojo. »Aber davor müssen wir halten, damit die drei uns nicht oben auf dem Hügel sehen.«

Jojo hatte Nico schnell überholt. »Und, geht's?«, erkundigte er sich.

»Klar geht's. Ich bin Sportler«, rief Nico.

Jojo drehte sich um. »Du fährst eher wie ein Sonntagsfahrer«, gab er zurück.

»Na und? Heute ist Sonntag«, entgegnete Nico.

Nach etwa vier hundert Metern stieg der Feldweg auf Höhe des Bonameser Bügels deutlich an. Nach Jojos Schätzung hatten die Dealer den Hügel bereits überschritten. Bis Alt-Bonames waren es dann noch einige hundert Meter Feldweg.

Kurz vor dem höchsten Punkt der Steigung hielt Jojo und wartete auf Nico. Der kam nur sehr langsam hinterher und fuhr Schlangenlinien.

»Mann, bin ich bekifft«, sagte er, als er Jojo endlich erreicht hatte. Sie drängten sich an die Büsche, die entlang des Feldwegs verliefen und schoben ihre Räder langsam vorwärts.

»Da sind die«, sagte Jojo plötzlich. Tom, Max und Mo waren keine hundert Meter vor ihnen und spazierten gemütlich im Sonnenschein.

»Besonders eilig haben die es nicht gerade«, fand Jojo. »Wir müssen nur aufpassen, dass die uns nicht sehen, wenn die sich zufällig mal umdrehen.«

Nico und Jojo verfolgten die drei Dealer bis der Feldweg bei Lidos Eis-Café an der Homburger Landstraße endete. Dort wechselten die Dealer auf die andere Seite und schlenderten die Ladenzeile entlang nach Alt-Bonames.

»Ich glaube, ich kann gerade nicht mehr weiter«, sagte Nico, dem auf einmal wieder etwas schwindelig wurde. »Ich habe totalen Durst und muss erst mal was trinken.«

»Okay!« Jojo überlegte nicht lange. »Ich verfolge sie alleine weiter, und beobachte, wo sie rein gehen. Und du trinkst in der Zwischenzeit was im Da Angelo und wartest auf mich.«

»Alles klar«, sagte Nico erleichtert. »Und wenn du wiederkommst, gehen wir zur Bank.«

»Ich habe übrigens alles mit der Kamera aufgenommen«, sagte Jojo stolz und übergab Nico den Kugelschreiber. »Du weißt ja am besten, wie du die Bilder und so an Tivaro und Otto schicken kannst.«

»Ach ja«, fiel Nico wieder ein. »Wir wollten ja Kontakt aufnehmen. Ich mache das im Da Angelo und schicke Tivaro die Bilder über WhatsApp.«

An der Pizzeria Da Angelo stellten die beiden Detektive ihre Räder ab. »Ich lasse das Rad auch hier stehen. Zu Fuß kann ich sie besser beschatten«, sagte Jojo.

Dann trennten sich die Beiden. Nico betrat die Pizzeria, und Jojo lief weiter den Dealern hinterher, die er bis hierhin nicht aus den Augen gelassen hatte. Nico wurde von Mario freundlich begrüßt. Er bestellte sich einen halben Liter kalte Cola mit Zitrone und Eis und setzte sich am Ende des Lokals auf einen Platz direkt unter den Ventilator. Der sorgte für eine gewisse Abkühlung. Sein Rausch klang allmählich ab.

Nico verband den Kamera-Kugelschreiber über einen USB-Adapter mit seinem Smartphone. Die Stelle mit Mo's Gesicht war gleich am Anfang von Jojos Aufnahmen. Er machte ein paar Screenshots von den Dealern und postete sie dann zusammen mit einem Text über WhatsApp an Tivaro.

Dessert mit Überraschung

Tivaro und Otto hatten sich inzwischen durch das komplette Menü geschlemmt und waren gerade beim Nachtisch angelangt, als Tivaros Handy vibrierte und das typische Signal für eine eingehende Nachricht ertönte.

»Von wem?«, fragte Otto neugierig und schob sich genüsslich eine Portion Birnenmousse in den Mund.

»Ist von Nico«, meldete Tivaro. Als er das Bild von Mo sah, riss er plötzlich die Augen auf. »Guck doch mal, Otto! Das ist doch der eine Entführer! Mo soll der heißen.«

Otto sah auf das Foto und war auch sofort überzeugt. »Klar ist er das. Das sehe ich doch an seinem Gebiss.«

»Nico schreibt, dass die Handynummer, die wir haben, die von Mo ist, und dass er was gekifft hat und jetzt im Da Angelo sitzt, und dass Jojo gerade die Dealer alleine verfolgt. Wir sollen um halb vier da sein.«

»Das ist ja krass!«, entfuhr es Otto. »Nico ist bekifft.« Er konnte es kaum glauben.

»Mann, Otto! Das bedeutet, dass Sabrina wahrscheinlich auch in Bonames ist.«

Otto hatte verstanden. »Bis um drei können wir aber noch essen, oder?«

»Ich habe gerade echt keinen Hunger mehr«, entgegnete Tivaro. Er sah auf seine Uhr. »Es ist halb drei, und Lars Petersen ist immer noch nicht da. So ein Mist!«

In diesem Augenblick räusperte sich jemand hinter den beiden Detektiven, und Tivaro und Otto schraken etwas zusammen. Hinter ihnen stand Lars Petersen, der unbemerkt an ihren Tisch herangetreten war.

»Hallo!«, grüßte er freundlich. »Man hat mir an der Rezeption Bescheid gesagt.«

»Hallo Herr Petersen«, grüßte Tivaro zurück. »Das ist mein Freund Otto. Wir haben auf Sie gewartet.«

»Darf ich mich setzen?« Lars Petersen zog einen der Ledersessel an den Tisch heran und nahm Platz. »Was kann ich für euch tun?«, fragte er dann.

»Es geht um den Überfall auf meinen Vater und um das verschwundene Kokain«, begann Tivaro. »Wir würden Ihnen gerne dazu noch ein paar Fragen stellen.«

»Oh, das klingt ja ganz nach einer richtigen Vernehmung.« entgegnete Lars Petersen amüsiert mit kaum zu überhörenden nordischen Akzent.

»Vielleicht erinnern Sie sich ja an wichtige Einzelheiten, die wir noch nicht kennen«, sagte Otto. »Wir sind nämlich Detektive.«

»Wir nennen uns o-vier«, ergänzte Tivaro. »Also ich und Otto und Nico und Jojo, die Sie vielleicht von der Party gestern kennen. Nico und Jojo sind zwei Freunde von uns, die gerade woanders ermitteln.«

»Aha!«, sagte Lars Petersen. »Habt ihr denn schon etwas herausgefunden?«

»Wir wissen aus sicherer Quelle, dass ein Albert Polochski hinter der ganzen Sache steckt«, sagte Tivaro vorsichtig.

»Das ist ein Bankräuber, den wir vor einiger Zeit schon mal hinter Gitter gebracht haben«, erläuterte Otto.

Lars Petersen hob interessiert die Augenbrauen.

»Das geschmuggelte Kokain, dass man meinem Vater am Flughafen abgenommen hat, war nämlich für Polochski bestimmt. Aber er hat es nie bekommen«, sagte Tivaro.

»Woher wollt ihr das denn wissen?«, fragte Lars Petersen erstaunt.

»Weil meine Schwester Sabrina heute Nacht von Polochski entführt wurde.«

»Was??« Lars Petersen sprang von seinem Sessel auf und schien wie vom Donner gerührt. Tivaros Meldung über Sabrinas Entführung hatte bei ihm eingeschlagen wie eine Bombe. Dann setzte er sich wieder und holte tief Luft. Sein Gesicht wirkte etwas blass. »Polochski hat Sabrina entführt, sagst du?«, fragte er noch einmal nach.

»Ja, wir waren dabei«, erzählte Tivaro und berichtete kurz, was sich in der Nacht zuvor abgespielt hatte.

Lars Petersen hörte aufmerksam zu, und sein Gesicht bekam langsam wieder Farbe.

»Wir wissen jetzt auch, wer der andere Entführer war«, fiel Otto ein. »Zeig doch mal die Fotos!«, sagte er zu Tivaro.

Tivaro zog sein Handy aus der Tasche und präsentierte Lars Petersen kurz darauf die Bilder, die ihm Nico von dem Dealer Mo geschickt hatte.

Lars Petersen blickte auf die Fotos und sagte nach einer kurzen Pause: »Okay, Jungs! Ich glaube, es ist an der Zeit, dass ich euch ein paar Dinge erkläre.«

Tivaro registrierte sofort, dass Lars Petersens nordischer Akzent plötzlich verschwunden war.

»Ich bin nicht wirklich ein Kollege deines Vaters, und mein Name ist auch nicht Lars Petersen«, gestand er. Er senkte seine Stimme. »Ich arbeite für Europol. Und dieser Mo ist einer der Männer, die deinen Vater überfallen haben.«

Tivaro und Otto fiel fast der Kinnladen herunter.

»Europol?«, entfuhr es Otto erstaunt.

»Richtig«, bestätigte Lars Petersen. »Ihr könnt mich aber gerne Lars nennen.« Er erklärte, dass es sich bei Europol ähnlich wie bei Interpol um einen Zusammenschluss europäischer Polizeikräfte und Geheimdienste handelte. »Ich wurde nach Polochskis Ausbruch auf Roland Kirchner angesetzt, nachdem man herausgefunden hatte, dass er ihn als Drogenkurier benutzen wollte. Ich sollte deinen Vater zum Schutz bis zur Übergabe in Frankfurt begleiten«, erzählte Lars. »Aber dann ging alles schief, weil die Zugriffseinheit zu spät kam. Und alles nur wegen eines fetten Beamten, der sich unbedingt noch eine Wurstsemmel kaufen musste. Wegen diesem Schubert ist die ganze Aktion geplatzt.«

Tivaro und Otto sahen sich grinsend an.

»Ihr habt Glück, dass ihr mich überhaupt hier im Steigenberger angetroffen habt. Denn eigentlich war mein Job hier nach der Pleite am Flughafen schon zu Ende, und ich sollte Morgen weiter nach Amsterdam reisen«, sagte Lars.

»Ich verstehe, der wichtige geschäftliche Anruf gestern Abend beim Spiel«, vermutete Tivaro.

»Stimmt«, lächelte Lars. »Gut kombiniert.«

»Sie sind ja ganz schön viel unterwegs. Wie kommt man denn überhaupt zu Europol?«, wollte Otto wissen.

»Bei mir ging die Karriere steil nach oben«, antwortete Lars. «Erst klassissche Polizeischule, dann Aufbaustudium, dann LKA, BKA, und jetzt ermittle ich für Europol.«

Die jungen Detektive waren beeindruckt. Dann ließ sich Lars die Detektivarbeit von o-vier erklären, und Otto zückte sein Notizbuch. Er zeigte Lars die Protokolle ihrer letzten Fälle, und Lars nickte immer wieder anerkennend. Als sie an der Stelle ihrer letzten Aufzeichnungen angelangt waren, hielt Lars plötzlich inne. »Ihr habt eine Telefonnummer? Von Mo?«, fragte er und wirkte sichtlich angespannt.

Otto hatte nach Nicos letzter Nachricht den Namen Mo neben die Telefonnummer gekritzelt. Die Detektive nickten.

Lars ließ sich von Otto das Notizbuch geben und blätterte darin. »Lamin ist der andere, der auch am Flughafen war. Ein Nordafrikaner«, informierte er dann. »Die Frankfurter Kollegen beschatten die Übergabe am Flughafen schon seit Wochen, aber bisher ist denen undercover noch nie ein Kontakt zur Szene geglückt. Die beiden versorgen den ganzen Frankfurter Norden mit harten Drogen. Und Roland Kirchner war bisher nicht das einzige Opfer«, erklärte Lars weiter. »Aber mit dieser Rufnummer haben wir einen ersten echten Ansatzpunkt«, lobte er. »Wirklich gute Arbeit, Jungs! Wir sollten in Kontakt bleiben.«

Lars Petersen stand auf und zog ein Smartphone aus seiner Jacke. »Ihr entschuldigt mich kurz.«

Ehe Tivaro und Otto antworten konnten, war Lars schon um die nächste Ecke verschwunden und telefonierte leise.

»Lamin ist also der andere«, stellte Otto fest.

»Ja, dieser Koks-Dealer. Jetzt kapiere ich erst, was hier eigentlich abgeht.«

Lars kam wieder zurück. »Jungs, ich habe eine Idee«, eröffnete er. »Gib mir mal dein Smartphone, Tivaro.«

Dann wählte Lars die Nummer von Ottos Notizbuch und wartete. »Seid leise!«, sagte er und stellte das Gespräch laut.

»Was geht?«, kam es bereits nach dem ersten Klingelzeichen aus dem Lautsprecher.

»Hör mal, hier ist Paul!«, näselte Lars in den Hörer. Zur Überraschung der beiden Detektive hörte sich Lars Stimme plötzlich so ähnlich an wie die von Udo Lindenberg.

»Paul wer, was? Pillen-Paule?«, quakte es aus dem anderen Ende der Leitung zurück.

»Ja, genau der. Hör mal, Mo. Hast du Lust auf ein Geschäft?«

»Nee, kein Bedarf, Alter«, erwiderte Mo. »Wir brauchen hier keine Pillen oder Extacy. Du weißt doch: Bei uns läuft zur Zeit nur Weißes oder Gras. Woher hast du eigentlich meine Nummer, Alter?«

»Du weißt doch, die Szene kennt keine Geheimnisse«, näselte der angebliche Pillen-Paule.

Tivaro und Otto staunten nicht schlecht über die Verstellungskünste des Europol-Ermittlers.

»Ich habe da übrigens was von den Dächern zwitschern gehört«, fuhr Lars näselnd fort. »Und zwar, dass Lamin neuerdings eigene Sache macht, mit eigenem Stoff und so …«

»Was quatscht du da, Alter?« fiel ihm der Dealer Mo ins Wort. »Halt's Maul am Telefon! Was willst du überhaupt, du Flachpiller?« Mo's Stimme klang ziemlich erregt.

»Ich will damit sagen, ihr sucht am falschen Ende und solltet die Kleine lieber freilassen.«

Lars Stimme hörte sich ziemlich cool an, fanden Tivaro und Otto. Fast wie im Film.

»Woher weißt du das, Alter?«, fragte die Stimme am anderen Ende nervös, und man konnte sich förmlich Mo's große Augen vorstellen. »Okay, ich check das, Alter«, erwiderte Mo. »Aber wenn du irgendeinen Scheiß erzählst, …«

»Keine Panik«, näselte Lars. »Du weißt doch, die Szene lügt nicht. Und wenn ihr wieder mal Speed braucht, ...»

»Nicht am Telefon, Paule. Und jetzt ciao!«, ertönte Mo's zerknirschte Stimme aus dem Lautsprecher, bevor er genervt die Verbindung unterbrach.

Für eine Sekunde herrschte Stille.

Lars legte das Smartphone auf den Tisch. »Tja, Freunde. Jetzt heißt es abwarten.«

Tivaro und Otto waren schwer beeindruckt.

»Sie kennen sich?», fragte Tivaro.

»Klar kennt man sich irgendwie«, erwiderte Lars. »In der Szene kennt jeder jeden. Und jeder spielt seine Rolle«, sagte er und hatte zum Spaß wieder seinen nordischen Akzent aufgelegt. »Aber wenn's drauf ankommt, dann kennt niemand jemanden.«

»Sie verkaufen Pillen?«, hakte Tivaro nach.

»Klar verkaufe ich Pillen«, antwortete Lars. »Alles Placebos auf Milchzuckerbasis. Die sind meine Eintrittskarte ins Drogenmilieu. Jeder Club kennt mich.«

»Merkt man denn nicht, dass die Pillen nicht echt sind?«, fragte Otto.

»Ach weißt du«, entgegnete Lars. »Die Leute sind heutzutage von allem Möglichen so breit, dass sie das gar nicht bemerken.«

»Meinen Sie, die lassen Sabrina jetzt frei?«, wollte Tivaro nun wissen.

»Wir wollen doch mal hoffen, dass alles gut geht«, erwiderte Lars Petersen und lehnte sich zurück. »Gleich werden ein paar Spezialtrupps bei euch in Bonames einrücken.«

»Ach, deswegen hatten Sie gerade telefoniert«, sagte Tivaro und empfing von Lars ein Lächeln, das ihm signalisierte, dass er wieder einmal richtig kombiniert hatte.

»Die anderen von eurer Gang sollten jetzt erst einmal nichts weiter unternehmen. Kannst du das veranlassen, Tivaro?», fragte Lars.

Tivaro nickte und teilte Nico über WhatsApp mit, dass Lars o.k. sei und bald ein Großeinsatz bevor stehe und dass sie, Tivaro und Otto, wie verabredet in etwa einer halben Stunde im Da Angelo wären. In der Zwischenzeit sollten sich Nico und Jojo ruhig verhalten.

»Ich bestelle uns schon mal ein Taxi«, sagte Tivaro dann.

»Und ich bestelle uns noch drei Mohnkuchen mit Sahne, bis das Taxi kommt«, sagte Otto.

Leder, Urin und Kotze

Über Bonames kreiste ein Hubschrauber. Jojo betrat hastig die Pizzeria. Auch er wurde herzlich von Mario begrüßt. Jojo bestellte sich Zitronenlimo und setzte sich schnell zu Nico an den Tisch. Auch er genoß den erfrischenden Luftstrom des Ventilators. Beide begrüßten sich mit ihrem gewohnten Handschlag.

»Ich habe Polochski gesehen«, sagte Jojo, der noch etwas außer Atem war. »Und weißt du wo? In einem Teil vom Centy-Lager!«

»Ich glaub's ja nicht«, entgegnete Nico überrascht. »Das wird doch alles von diesem Holger verwaltet.«

Jojo registrierte erleichtert, dass Nico nicht mehr so berauscht wie vorhin schien. Er war noch längst nicht am Ende mit seinem Vortrag: »Ich kann dir sagen, da stinkt's vielleicht! Die drei sind in so eine Tiefgarage rein und haben dann gegen eine Stahltür geklopft. So: Bum – bumbumbum. Einmal lang, dreimal kurz. Dann ging die Tür auf, und die drei, also Tom, Max und Mo sind rein, und die Tür ging wieder zu. Ich dachte, so klopfen willst du nicht, also was machen?«

Nico war ganz gespannt. »Also was machen?«, wiederholte er.

Jojo erzählte weiter: »Also bin ich über ein Autodach auf so einen Mauervorsprung unter ein gekipptes Fenster gejumpt und habe mir das da drinnen alles mal angesehen.«

»Was angesehen?«, fragte Nico neugierig.

»Eigentlich habe ich mehr gerochen als gesehen«, sagte Jojo. »Aus dem gekippten Fenster kam so ein Gemisch aus Leder, Urin und Kotze.«

»Und Polochski? War der da drin?«, wollte Nico wissen.

»Ja, der lag ganz hinten in einer Hängematte. Ich habe ihn gleich an seinem Hut erkannt. Ich sage dir: Das ist die reinste Drogenhöhle dort!«

»Und war Sabrina auch da irgendwo?«, fragte Nico weiter.

»Nein, leider nicht«, entgegnete Jojo. »Aber es waren noch ein paar andere Leute da. Und es gab auch einen Billiardtisch und Wasserpfeifen und Sessel und so. Da drinnen war es ziemlich düster und verqualmt, und die hatten nur Gaslampen oder so was.«

»Alles klar, Jojo. Das war echt meisterhafte Detektivarbeit! Tivaro und Otto kommen auch gleich.» Nico zeigte Jojo Tivaros Nachricht.

Jojo schlürfte mit dem Strohhalm an seiner Zitronenlimo und war mit sich sehr zufrieden.

»Es ist gleich halb vier«, sagte Nico dann. »Ich denke, das beste, was wir jetzt tun können ist, meinem Vater von dem Deal zu erzählen und ihm zu sagen, wo er Polochski finden kann.«

»Na, der wird sich sicher freuen«, meinte Jojo.

Nico rief die Nummer seines Vaters, Oberkommissar Nowak, an. Er sagte ihm, sie hätten Polochski entdeckt, und die ganze Szene spiele sich beim Centy Markt ab. Und an der alten Post solle um vier die Geldkontrolle für den nächsten Kokain-Deal stattfinden.

Nico musste den Hörer sehr weit weg halten. Daraus klang so etwas wie lebenslanger Hausarrest und Prügelstrafe und warum er nicht früher Bescheid gesagt hätte und dass sein Konto in dreißig Sekunden gesperrt sein würde. Auch Nicos Vater empfahl seinem Sohn, die Füße still zu halten und legte dann auf.

»Wir müssen noch das Geld holen«, fiel Jojo ein.

»Mann, du hast Recht«, entgegnete Nico und rief Mario herbei, um zu bezahlen.

Danach verließen sie das Lokal und traten in die heiße Nachmittagssonne hinaus.

»Wir zeigen Mo das Geld und erfahren dann, wo Lamin mit dem Kokain wartet«, sagte Nico. »Und dann sage ich meinem Vater wieder Bescheid.«

Jojo nickte. Sie überquerten die Homburger Landstraße und gingen dann rechts an Alina's Eck vorbei zur Volksbank. Am Geldautomaten stellten sie fest, dass das Tageslimit pro Person nur zweitausend Euro betrug.

»Na toll. Und mein Konto ist gesperrt«, klagte Nico. »Das reicht nicht für den Deal.«

»Klar reicht das«, meinte Jojo. »Ich falte die vier Fünfhunderter für Mo so als wären es sechs. Origami, verstehst du?«

Nico verstand nicht, aber irgendwie bekam Jojo es in den nächsten paar Augenblicken hin, ein paar Banknoten so zu falten, dass er am Ende sechs Scheine präsentierte.

Nico staunte nicht schlecht: »Alter Chinese!«, sagte er anerkennend.

»Er darf sie halt bloß nicht nachzählen«, räumte Jojo ein.

»Tja, ein Risiko bleibt immer«, grinste Nico erleichtert. »Lass uns ins Da Angelo zurück gehen.«

Beide verließen gerade das Bankgebäude, als sie fast mit jemandem zusammen gestoßen wären.

»Hoppla!», rief Nico, der gerade Jojos Falttechnik in seine Hose steckte. Dann glaubte er plötzlich, seinen Augen nicht mehr trauen zu können. Auch Jojo stand vor Staunen der Mund weit offen.

»Sabrina!«, kam es von beiden Detektiven fast gleichzeitig.

Vor ihnen stand eine kleine, zitternde Sabrina. Ihre Arme waren nach hinten gefesselt, und sie trug noch das gleiche hübsche Sommer-Outfit von gestern – mit einem Unterschied: Sie hatte eine Centy-Stofftasche über ihren Kopf gestülpt, mit zwei Sehschlitzen. Offenbar war sie in diesem Zustand schon eine Weile durch die Gegend gelaufen.

»Ach du scheiße!«, entfuhr es Nico.

»Ach du liebe Güte«, kam es von Jojo eine Spur feinfühliger. Dann wollte er Sabrina die Stofftasche vom Kopf ziehen, doch die wehrte sich heftig: »Fass mich nicht an, Jojo!«, schrie sie.

»Was hast du denn?«, fragte auch Nico überrascht. »Du kannst doch kaum was sehen.«

»Die Stofftasche bleibt da, wo sie ist!« Sabrina blieb beharrlich.

»Aber warum denn?«, fragte Nico völlig entgeistert.

»Na wegen meiner Haa-haa-re!!«, entgegnete Sabrina und schluchzte herzerweichend.

Es dauerte ein paar Minuten, bis Sabrina sich endlich dazu überreden ließ, die Stofftasche vom Kopf zu nehmen.

Tja, der Zopf war ab. Das ließ sich nicht leugnen, und Sabrina glaubte den Jungen kein Wort, die immer wieder beteuerten, dass Sabrina auch ohne Zopf ganz hübsch aussähe.

Sie gingen gerade gemeinsam Richtung Pizzeria, als sie Tivaro und Otto entdeckten, die gerade aus einem Taxi stiegen. Die Freude, Sabrina unversehrt wieder zu haben, war für alle groß.

Die vier Detektive warteten bis kurz vor vier. Nico ging allein zum verabredeten Treffpunkt an der alten Post. Die anderen Detektive und Sabrina legten sich in der Nähe auf die Lauer.

Nico zeigte Mo das Geld, und der schien auf den Trick hereinzufallen. Kurze Zeit später kehrte Nico wieder zu den anderen Detektiven zurück und berichtete: »Lamin sitzt am Nieder-Eschbacher Teich und wartet dort mit dem Kokain.« Sie beobachteten, wie Mo wieder in der Tiefgarage verschwand. Dann rief Nico seinen Vater an. Er erzählte von der bevorstehenden Übergabe am Teich, und dass Polochski seinen Unterschlupf in einem Lager des Centy-Markts habe.

»Wir sind schon da«, kam Kommissar Nowaks Stimme aus dem Hörer. Und dann kam alles, wie es kommen musste.

Plötzlich war wieder ein Hubschrauber in der Luft, und dann hörten die Detektive ein lautes Krachen und Klirren.

»Das kommt vom Centy-Markt«, rief Tivaro. Der Laden war keine dreißig Meter weit entfernt, und die Detektive näherten sich vorsichtig, um zu beobachten, was da gerade passierte.

Sie sahen, wie ein paar Polizisten vor dem Eingang des Centy-Markts standen und erkannten Schubert, der mit einer Ramme die komplette Glasfront des Ladens zertrümmert hatte und nun wie ein Elefant im Porzellanladen herum wütete.

Immer mehr Polizeiwagen mit Blaulicht tauchten auf, und innerhalb von zwei Minuten war der ganze Bereich um den Centy-Markt abgeriegelt.

Die Jungen versteckten sich in sicherer Entfernung und beobachteten den Hinterausgang des Markts. Von hier aus konnten sie auch sehen, wie ein Team Uniformierter in die Tiefgarage vorrückte.

»Wir müssen zu unserem verabredeten Deal am Teich«, erinnerte Nico gerade, als plötzlich die Tür des Centy-Hinterausgangs aufsprang und Polochski mit gezogener Pistole herausstürmte. Er war sehr aufgeregt und lief auf einen kleinen blauen Ford Transit zu, der auf einem Kundenparkplatz am Centy-Markt stand. Einige Polizisten hatten ihn ebenfalls entdeckt, doch Polochski schaffte es, ihnen zu entkommen. Mit quietschenden Reifen brauste der Lieferwagen davon.

»Wir müssen hinterher», rief Tivaro. Sie liefen schnell zum Taxi-Halteplatz, wo immer noch das Taxi stand, mit dem Tivaro und Otto gekommen waren.

»Folgen Sie dem blauen Lieferwagen«, forderte Tivaro den Fahrer auf, nachdem alle eingestigen waren. Der blaue Ford Transit fuhr gerade den Bügel der Homburger Landstraße hinauf, und sie hielten etwa zwanzig Meter Abstand. Dem Taxi folgten inzwischen auch eine Reihe Polizeiautos.

»Was der wohl vor hat«, überlegte Nico. »Der hat doch gar keine Chance gegen so viele Verfolger.«

»Das scheint Polochski wohl egal zu sein«, vermutete Tivaro.

»Wahrscheinlich hat er sich inzwischen an Verfolgungsjagden gewöhnt«, meinte Otto.

Der blaue Lieferwagen bog links in die Berner Straße und raste durch das Gewerbegebiet.

Hinter dem Verfolger-Taxi scherten zwei Mannschaftswagen der Polizei aus und nahmen ihren Weg durch die Einkaufs-Passage im Ben-Gurion-Ring.

»Wir sollten die Verfolgung der Polizei überlassen. Wir müssen hier gleich halten, wenn wir zum Teich wollen«, erinnerte Nico.

Der Weg zum Teich und zur angrenzenden Wohnanlage war durch eine Schranke versperrt und nur für Anlieger frei. Zur Überraschung der Detektive hielt der blaue Ford Transit vor ihnen ebenfalls plötzlich. Polochski stieg aus dem Wagen und lief mit gezogener Waffe über die Straße auf das Parkgelände zu.

»Der spinnt, der läuft Amok!«, rief Sabrina.

»Ich glaube, ich weiß genau, wo der hin will«, fiel es Nico wie Schuppen von den Augen. »Der will auch zum Teich.«

»Halten sie bitte an der Bushaltestelle«, sagte Tivaro. »Wir steigen hier aus und gehen zu Fuß weiter.«

Der Taxifahrer schien sehr erleichtert zu sein. »Was ist da los?«, fragte er erstaunt.

»Großeinsatz wegen Drogen«, informierte Nico.

Als der Fahrer Tivaros VIP-Taxi-App auf dem Handy sah, winkte er ab. »Lassen wir das mal mit der Bezahlung. Die Fahrt war ja nicht weit. Ich bin froh, wenn ich hier weg bin.«

Die Detektive und Sabrina stiegen aus dem Taxi und liefen an der Schranke vorbei in den Park.

Vor dem großen Ententeich prangte ein Füttern Verboten-Schild. Lamin saß am Spielplatz auf einer der Tischtennisplatten nahe des Teichs. Von hier aus konnte er die gesamte Parkanlage gut überblicken. Ein paar Kinder spielten im Sandkasten oder schaukelten. Lamin trug trotz der Hitze einen Kapuzenpulli.

Als er den ersten Mannschaftswagen von weitem heranrollen sah, sprang Lamin von der Platte und ging langsam Richtung Teich. Dort hatte er das Kokain unter einem Gebüsch hinter einer Parkbank versteckt. Er sah, wie der Mannschaftswagen neben einem Friseur am Ende der Einkaufspassage hielt. Wahrscheinlich mal wieder Ladendiebe, vermutete er und dachte sich nichts weiter dabei.

Dann hörte Lamin, wie sich oben am Himmel ein Hubschrauber näherte. Ich muss mein Koks in Sicherheit bringen, überlegte er. Langsam wurde ihm die Gegend hier ein wenig zu heiß. Nervös blickte er auf seine Uhr. Es war etwa viertel nach vier.

Lamin hoffte, er würde den Jungen mit dem Geld beim Verlassen des Parks schon irgendwo begegnen. Er bückte sich, kroch unter ein Gebüsch und zog dann ein Päckchen mit weißem Pulver hervor. Das Kokain! Er ließ es blitzschnell in seiner Jogginghose verschwinden und stand wieder auf. Als er sich umdrehte, stand plötzlich Polochski vor ihm und sah ihn grinsend an. Lamin war ziemlich erschrocken, denn ihn plagte auf einmal so etwas wie ein schlechtes Gewissen. Dennoch ließ er sich nichts anmerken und machte gute Miene zum bösen Spiel.

Die Jungen von o-vier und Sabrina waren bis auf etwa zehn Meter herangekommen, hielten sich hinter Bäumen versteckt und beobachteten die Szene.

Die beiden Gangster begrüßten sich mit der sogenannten Ghetto-Faust. Dann sagte Polochski: »Schau mal, was ich dir mitgebracht habe.« Dann zog er blitzschnell seine Pistole aus der Tasche und zielte damit auf Lamins Kopf.

Geschockt spang Lamin hoch und trat Polochski mit einem blitzschnellen Karate-Kick die Waffe aus der Hand. Die flog in hohem Bogen in den Teich und plumpste neben einer Ente ins grüne Wasser, die beleidigt davonschwamm.

Dann flogen die Fäuste. »Du hast mich betrogen!«, schrie Polochski. »Ich mache dich kalt!«

Lamin hatte weniger Worte. Dafür stieß er Kampflaute aus. Sie prügelten sich und schlugen aufeinander ein, dass es nur so krachte.

Und dann ging alles sehr schnell. Aus den umliegenden Gebüschen und von der Seite des Weges hechteten plötzlich vermummte Einheiten eines SEK-Teams herbei und warfen den Dealer Lamin zu Boden. Polochski wollte sich über den flachen Teich davon machen.

»Da kann man noch nicht mal Brustschwimmen«, meinte Otto und alle kicherten.

Polochski bekam von einem Heckenschützen einen Fangschuss ins Bein. Er klatschte vornüber ins Teichwasser. Dabei verfing sich sein Hut im Gestrüpp und blieb baumelnd daran hängen.

Kurz und gut. Die Geschichte endete hier. Die Jungen von o-vier bekamen natürlich wieder mächtig viel Lob von der Polizei und von Oberbürgermeister Peter Pahn. Es stellte sich heraus, dass Holger, der feine Freund von Ottos Mutter, tatsächlich einen ungenutzten Teil seines Warenlagers an den Großdealer Polochski vermietet hatte, um sich persönlich zu bereichern. In diesem Lager fand die Polizei etwa zwanzig Kilogramm Kokain, dass geschickt in den Zwischenräumen der Lagerregale versteckt war. Außerdem fand noch am selben Abend eine Drogen-Razzia in verschieden Räumlichkeiten unterhalb der Tiefgarage in der Nähe des Centy-Markts statt. Mehrere verdächtige Personen konnten dabei festgenommen werden.

Am nächsten Tag stand der ganze Einsatz in allen Montagsausgaben der Frankfurter Tageszeitungen und in den Blättern des Umlandes.

Und noch heute ziert Polochskis Hut eine Wand im Hauptquartier der Detektive von o-vier.

Lust auf mehr? Dann hol dir auch *Tivaro in Gefahr*

Zwei entflohende Häftlinge halten sich im Taunus versteckt und versetzen die Umgebung mit einer Serie von Banküberfällen in Angst und Schrecken. Als Tivaro, der Kopf der Detektivgang *o-vier*, selbst Zeuge eines Bankraubs wird, gerät er ins Visier der Gangster. Die vier Detektive Tivaro, Otto, Nico und Jojo rüsten sich aus und bereiten ihre Gegenwehr vor ...

Schickt uns eure Krimis!

Wir verlosen unter den besten Einsendungen exklusive Autorenverträge.

lektorat@buchwelten-verlag.de
Stichwort: Autoren gesucht

Jugend · Buchwelten
Buchwelten Verlag